KB209978

빠르게 독파하고 확실히 각인하는 비주얼 노트!

당신이 아니면 아무도 걸을 수 없는 유일한 길이 있다!

프리드리히 니체

토마스 아키나리 감수 | 서희경 옮김

시작하며

혹시, 스스로 한계를 정하고 있지는 않나요?

인생에서 가장 소중하게 여기는 것은 무엇인가요? 가족과의 일상, 직장에서의 성공, 자산 규모, 소셜미디어 인지도 등 대상은 다르지만, 무엇과도 바꿀 수 없다는 공통점이 있다고 생각합니다.

니체는 약 180년 전에 태어나 약 120년 전에 세상을 떠났지만, 그의 사상은 당시 사람들의 사고방식에 큰 파장을 일으켰습니다. 그는 기독교적 도덕관이 현세를 살아가는 힘을 약화한다고 비판하는 한편, 인간은 자기 편의에 맞게 사물을 해석하는 존재이기 때문에 '진리'라는 것은 없다며 과학의 근본을 부정하는 발언도 했습니다. '신은 무의미하다, 과학도 무의미하다, 그러니 절대적으로 믿을 수 있는 것은 아무것도 없다'는 취지로 남긴 말이 그 유명한 '신은 죽었다'입니다.

흥미롭게도(혹은 필연적으로?) 현대 사회에서는 절대적으로 믿을 수 있는 대상이 점점 줄어들고 있습니다. 생활양식의 다양화와 각계각층의 개척자가 발신하는 수많은 정보의 영향으로

'이래야만 한다'는 통념이 사라져 가고 있는 것은 아닐까요? 그 예로 안정된 직장, 경제적 성공을 최우선으로 삼는 이들의 수는 확실히 줄어들고 있는 것 같습니다.

절대적인 정답이 없다는 것은 결국 스스로 답을 찾아야 한다는 의미입니다. 그리고 각자가 도출한 답이 바로 '인생에서 중요한 것'이 됩니다. 서론이 길어졌지만, 현대인이 니체를 읽는 큰 이유 중 하나는 스스로 삶의 답을 찾는 데 '강력한 도움'을 준다는 점입니다. 니체는 우리가 내면에서 느끼는 답이 '진정 나의 생각인가?', '나약한 자아를 외면하고 있지는 않은가?'라고 되묻도록 만듭니다. 무엇보다도, 그는 '더 적극적으로 자신의 삶을 긍정하라'고 우리의 등을 떠밉니다.

스스로 정한 한계로 자신의 가능성을 억누르고 있지는 않나요? '이 정도면 충분하다'며 만족하고 있나요? '어차피 나는 안 돼'라며 자신을 경멸하고 있나요? 그렇다면 니체 철학은 당신의 인식을 뒤집고 당연한 것을 새롭게 보는 시각을 제공할 뿐만 아니라, 앞으로의 삶을 흥미진진하게 이끌어 줄 것입니다.

감수 토마스 아키나리

빠르게 독파하고 확실히 각인하는
비주얼 노트!

당신이 아니면 아무도 걸을 수 없는
유일한 길이 있다!

프리드리히 니체

Contents

Chapter 02

내 생각은 정말 논리적인가?

Chapter 03

도덕은 정말 옳은가?

Chapter 04
무기력을 극복하는 방법

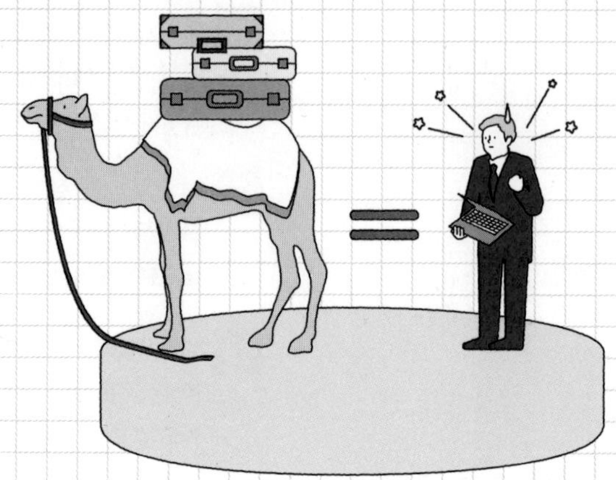

Chapter 05

어떻게 하면 긍정적으로 살 수 있을까?

Chapter 06

인생에 활용하는 니체 철학

Chapter 07

니체의 생애에서 배우다

고독한 철학자,

목사의 아들로 태어나다.

건강 악화로 대학을 그만두고
재야의 학자가 되다.

1844 1869 1879

24세에 바젤대학교 교수가 되다.

니체의 생애

정신착란증세를 보이기 시작했으나,
그의 저서는 사회적으로 인정을 받는다.

이 책이 담고 있는 내용을 보니 정말 놀랍다.

1885 | 1889 | 1900

『차라투스트라는 이렇게 말했다』 40부를
자비 출판하여 지인들에게 배포하다.

괜찮으면 한번 읽어보세요.

55세에 생을 마감하다.

니체 철학을

방향성 파악하기

으~~ 아!
정신력의 한계를
최대한 끌어올려 보자!

니체뿐만 아니라 모든 철학자의 주장을 이해하기 위해서는 그 이론의 방향성을 파악하는 것이 중요하다. 니체는 정신을 단련하고, 어떤 상황에서도 자신을 긍정할 것을 권장한 철학자이다. 자신의 사고방식과 자라온 문화를 재고하며, 다가올 시대에 걸맞은 강한 인간이 되자는 니체의 철학은 많은 이에게 깨달음을 주었다. 일반적인 철학적 이미지를 잠시 내려두고, 니체의 주장을 진심으로 받아들여 보자.

이런 삶을
살았구나….

Point 2 니체의 생애 관찰하기

니체는 우리에게 고난에 굴하지 않는 사고방식을 가르쳐 주었다. 그는 아버지의 죽음, 질병, 좌절, 실연, 외로움으로 점철된 인생을 살았다. 고단한 삶에 굴하지 않은 그의 저작은 우리에게 큰 울림을 준다. 니체의 난해한 철학에 더 가까이 다가가려면 'Chapter 7 니체의 생애에서 배우다'를 통해 그의 발자취를 따라가 보기를 권한다.

이해하는 4가지 팁

Point 3 키워드 포착하기

니체의 철학에는 흥미로운 키워드가 대거 등장한다. '위버멘쉬', '영원회귀', '노예 도덕', '니힐리즘' 등의 개념을 이해하게 되면 깊은 울림과 큰 영감을 얻게 될 것이다. 우선 관심이 가는 키워드를 중심으로 이해의 폭을 넓혀가는 것도 좋은 방법이다. 니체의 키워드들은 서로 교묘하게 연관되어 그의 철학을 구성하고 있으므로 서서히 이해의 실마리를 발견하게 될 것이다.

관점주의 p24

노예 도덕 p22

니힐리즘 p26

힘에의 의지 p28

위버멘쉬 p30

영원회귀 p32

Point 4 마음으로 이해하기

이론을 이해하는 것이 중요한 철학도 있지만, 정신성을 체득하고 실생활에 적용하는 것이 중요한 철학도 있다. 니체 철학은 후자에 속한다. 물론 빠르고 정확하게 이해하는 것도 중요하지만, 그의 에너지를 서서히 흡수하며 녹아드는 것도 좋은 방법이다. 니체는 평생에 걸쳐 자신의 철학을 형성해 갔다. 그가 걸었던 철학의 길을 마음으로 이해하고 공감하며 좇는 것이 니체를 배우는 가장 좋은 방법이라 할 수 있다.

니체의 대표작과 핵심 키워드

많은 저서를 남긴 니체, 그의 사상은 시대에 따라 변해갔다.
세상에 출간된 책과 키워드를 비교해 보자.

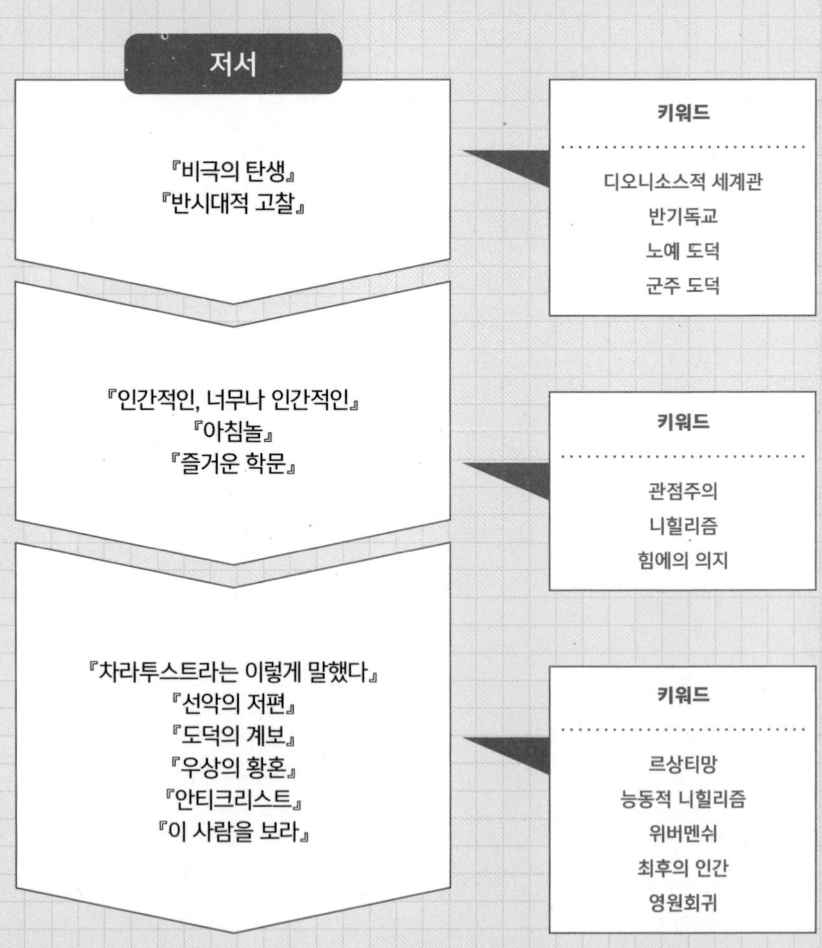

이 책을 통해 니체 철학을 더 쉽게 이해하는 방법

Chapter 1에서 전체상을 파악한 후, Chapter 2~5를 통해 세부 내용을 채워본다.
Chapter 6에서 실천법을 배우고, Chapter 7에서는 마지막으로 니체의 철학과 삶을 짚어보자.

01 Chapter

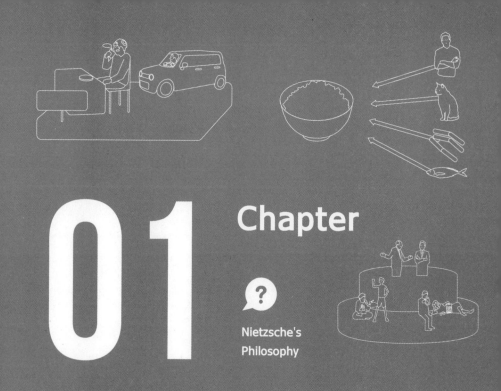

Nietzsche's Philosophy

니체 철학이란 무엇인가?

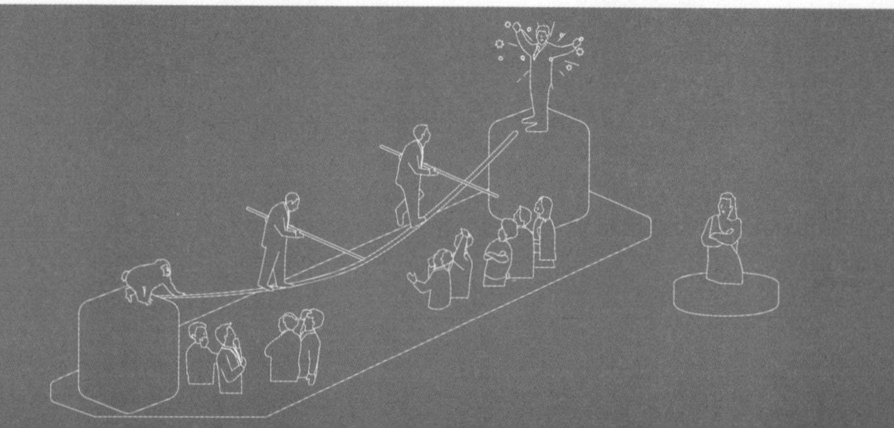

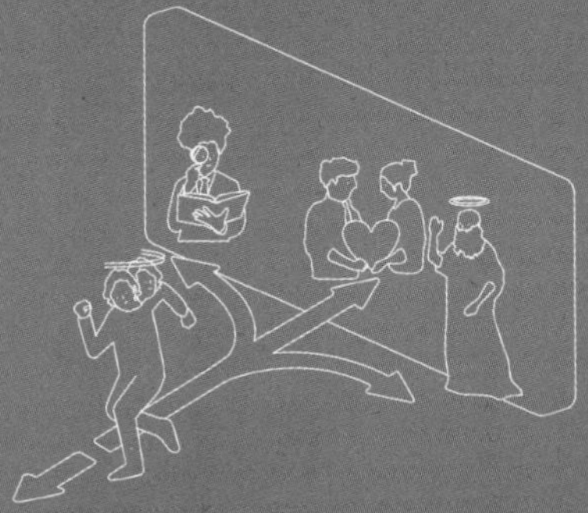

먼저 니체 철학의
분위기를 느껴 보자.

니체의 철학은 난해한 용어가 많기 때문에 이해하기 쉽지 않다. 먼저 핵심 키워드를 중심으로 전체상을 파악할 필요가 있다. 모르는 부분이 있더라도 Chapter 2부터는 상세한 내용을 다루게 되니 요지를 파악하는 정도로 넘어가자.

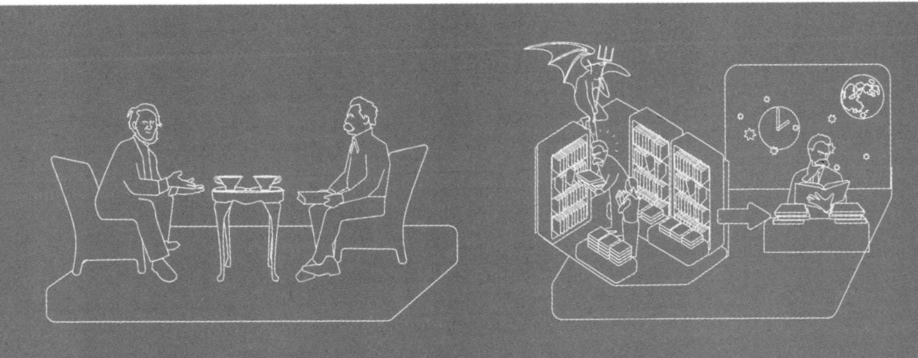

01 인생을 긍정하는 니체 철학

'긍정의 철학'으로 알려진 니체의 사상은 믿을 대상이 드문 현대인에게 깊은 통찰을 제공한다.

철학 philosophy은 그리스어 '사랑 philos'과 '지혜 sophia'가 결합해 '지혜에 대한 사랑'을 의미한다. 오랜 세월 동안 철학자들은 인간이 어떻게 살아야 하는지, 진리란 무엇인지, 그리고 논리적 사고는 어떻게 해야 하는지를 깊이 탐구하며 세상을 고찰해 왔다. 니체 역시 '삶의 의미는 무엇인가?'라는 질문을 평생 탐구한 철학자였다. 개인적 문제 분석을 넘어서, 사회와 인간 본질에 대한 심오한 성찰을 통해 다가올 시대에 맞는 이상적인 삶의 방식을 제시하고자 했다.

도대체 철학이란 무엇인가?

니체는 100년 이상 전의 인물이지만, 그의 사상이 제시하는 삶의 방식은 현대인들에게도 여전히 깊은 울림을 준다. 오히려 100년 전 사람들보다 니체 철학에 더 절실히 공감할 수도 있다. 니체는 '긍정의 철학자'로 불리며, 목표를 상실하기 쉬운 현대인들에게 삶을 긍정하는 방법을 제시한다. 그의 고뇌와 사색에서 발전된 철학은 오늘날에도 많은 영감을 주며, 우리는 그의 사상에서 귀중한 통찰을 얻을 수 있다.

니체의 철학은 '긍정의 철학'이다

02 신은 죽었다

니체는 당시 사회의 중심에 자리하던 기독교적 사고방식에 대해 강렬한 언어로 도전장을 내밀었다.

철학자로서 삶의 본질을 탐구한 니체는 '선한 삶'에 대한 통념을 의심했다. 당시 유럽 사회는 기독교적 가치관이 깊이 뿌리내리고 있었으며, '가여운 자는 구원받는다', '선한 행위는 천국에 이르게 한다', '이웃을 사랑하라', '자기희생은 숭고하다' 등의 도덕적 교훈이 널리 퍼져 있었다. 그러나 니체는 기독교적 도덕관이 인간 본연의 생명력과 창조적 의지를 약화하고 억압한다고 생각했다. 이러한 비판은 그 유명한 '신은 죽었다'로 선언되었다. 이는 단순히 신의 부재를 말하는 것이 아니라, 기독교적 가치 체계는 더 이상 현대인의 삶을 지탱할 수 없다는 상징적인 의미를 담고 있다. 당시는 과학의 발달로 전통적인 기독교 세계관이 흔들리기 시작한 변화의 시기였다.

기독교적 선행은 정말 옳을까?

니체는 기존의 사고방식을 버리고 새로운 가치 체계로 전환해야 한다고 강력히 주장했다. 그의 주장은 특히 독실한 기독교 신자들에게 큰 충격을 안겨주었는데, 종교라는 마음의 버팀목을 내려놓기란 절대 쉽지 않기 때문이다. 그러나 니체는 기독교인들에게 상처를 주기 위해 이러한 과격한 표현을 사용한 것이 아니었다. 그는 다가올 시대에 더 강하고 자유로운 존재로 살아가려면 반드시 기존 도덕을 넘어서야 한다고 믿었고, 이를 사람들에게 알리기 위해 저서를 통해 자신의 사상을 피력한 것이다.

'활기찬 삶의 방식'을 추구하기 위해 부정하다

세상의 통념에 의문을 제기하다

니체는 통상적으로 받아들여지는 도덕이야말로 강인하고 주체적으로 살아가는데 방해가 되며, 이는 사회 구조적 문제라고 비판했다.

우리는 편법으로 재산을 축적하거나 권력을 탐하는 사람을 부정적으로 바라보는 경향이 있다. 반면, 순수한 성품을 유지하고 사회에 순응하며 근면하고 성실하게 사는 사람을 이상적으로 여긴다. 아마도 권력이 없어도 바르게 사는 것이 훌륭한 삶이라고 믿는 사람이 대다수일 것이다. 이를 두고 니체는 약자가 자신을 정당화하기 위해 만들어낸 도덕관이라고 주장했다.

약자일수록 선하게 보인다!

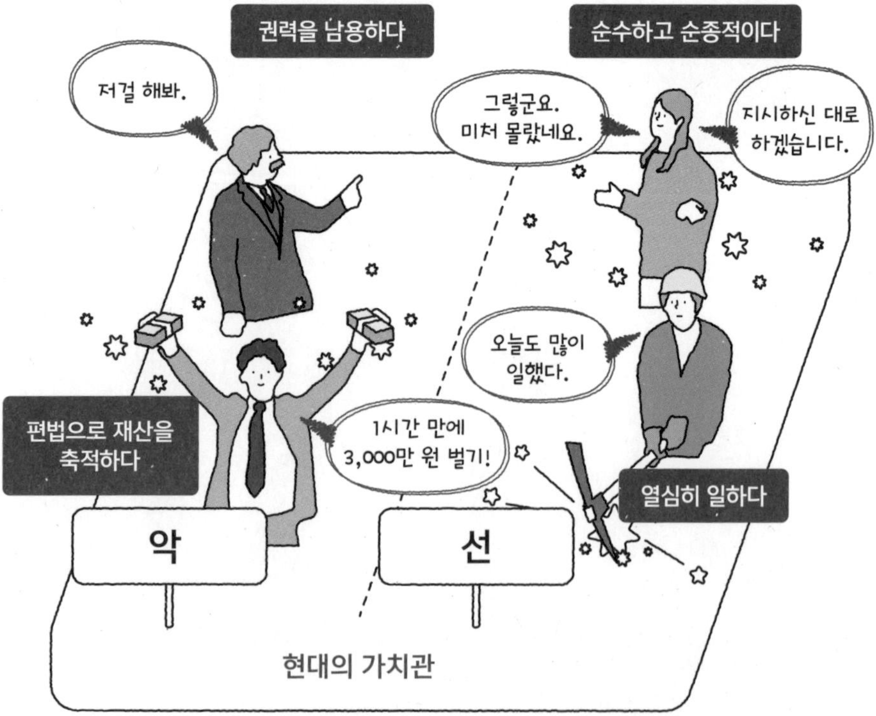

권력을 남용하다

순수하고 순종적이다

저걸 해봐.

그렇군요.
미처 몰랐네요.

지시하신 대로
하겠습니다.

오늘도 많이
일했다.

편법으로 재산을
축적하다

1시간 만에
3,000만 원 벌기!

열심히 일하다

악

선

현대의 가치관

약자는 강자보다 부와 권력을 축적하기 어려운 위치에 있다. 그래서 강자를 악한 존재로 규정하고, 스스로를 참되고 고결한 인간으로 정의하는 도덕 체계를 만들어냈다는 것이다. 니체는 이를 '노예 도덕'이라고 명명했다. 강자에게 맞설 수 없다고 체념한 사람들이 자신을 보호하고 정당화하기 위해 만들어낸 도덕 체계라고 보았기 때문이다. 그리고 노예 도덕이 삶에의 의지를 꺾고 스스로를 억압하는 구조를 만들며, 더 나은 삶을 지향하지 못하게 한다고 주장했다. 니체가 이렇듯 논란의 여지가 있는 사상을 발표한 이유는 사람들이 노예 도덕을 극복하고, 적극적이며 주체적인 삶을 살도록 이끌어야 한다는 책임감을 강하게 느꼈기 때문이다.

사고방식을 바꿀 때 더 강해진다

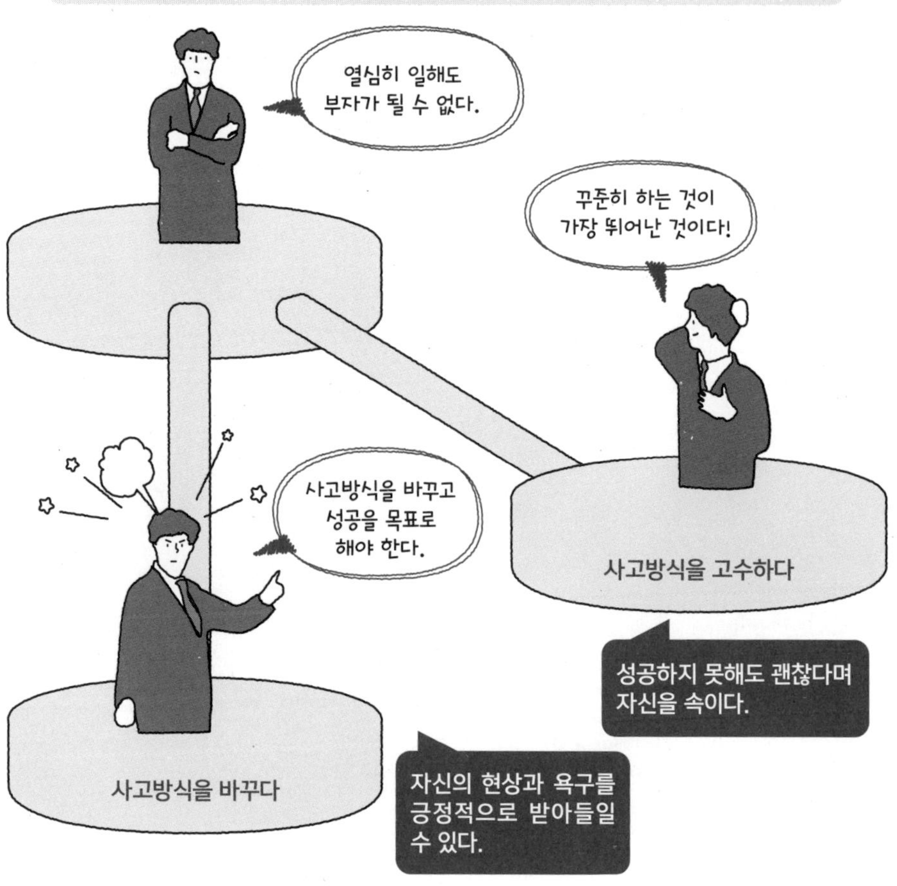

열심히 일해도
부자가 될 수 없다.
꾸준히 하는 것이
가장 뛰어난 것이다!
사고방식을 바꾸고
성공을 목표로
해야 한다.
사고방식을 고수하다
성공하지 못해도 괜찮다며
자신을 속이다.
사고방식을 바꾸다
자신의 현상과 욕구를
긍정적으로 받아들일
수 있다.

자기 관점으로 본 것을 진리라고 믿는다

인간은 자신의 관점으로만 보도록 설계되어 있다. 그 본성을 자각하는 것이 진정한 자기 긍정의 첫걸음이다.

멀리 있는 물체를 다양한 위치에서 본다고 상상해 보자. 특정 위치에서는 평면 사각형으로 보일 수 있다. 과연 그것이 물체의 '진짜' 모습일까? 다른 각도에서 보면 구멍이 뚫려 있거나 입체적으로 보일 수도 있고, 위에서 내려다보면 삼각형처럼 보일 가능성도 있다. 이처럼 명백해 보이는 사실조차 여러 각도에서 관찰하면 실상이 다를 수 있음에도 우리의 사고방식은 이를 종종 간과한다. '불변하고 허물없는 절대적 진리', '모두가 지향해야 할 목표', '사회 구성원이라면 지켜야 할 보편타당한 윤리'라는 것이 과연 존재할까?

보는 위치에 따라 다르게 보인다

니체의 주장에 따르면 절대적 진리란 존재하지 않으며, 자기 관점으로 본 것을 진리라고 믿는다. 진리가 존재한다고 믿고 싶어 했을 뿐, 그 믿음은 실상 편견에 불과하다는 것이다. 그는 각자의 관점에 따라 진리가 다르게 해석된다는 것을 '관점주의'라고 명명하며, 자신의 관점에 갇히지 말라고 경고했다. 니체는 언젠가 신과 같은 절대적 존재를 믿지 않게 될 미래를 내다보며, 외부의 절대적 진리나 권위에 의존하지 않고, 자기 관점을 자각하고 의심하는 것이 중요하다고 강조했다. 이는 절대적 진리를 맹신하지 말라는 경고인 셈이다.

절대적인 진리가 존재할까?
사람은 ○○해야 한다! 왜냐하면….
성공인
인생 목표
나는 그렇게 보지 않아.
그 역시 당신의 관점일 뿐 진실이 아닐 수도 있다….
자신

KEY WORD → ☑ 니힐리즘

그 어디에도 절대적 믿음은 존재하지 않는다

1900년에 사망한 니체는 200년 후, 절대적인 것을 더 이상 믿지 않는 시대가 올 것이라고 예언했다.

니체가 기독교적 도덕관을 비판했지만, 이미 그 당시 전통적 세계관은 과학의 발전으로 인해 붕괴하고 있었다. 니체는 과학 역시 진리를 믿고자 하는 욕망에서 비롯된 산물일 뿐이며, 궁극적으로는 무의미하다고 보았다. 니체는 종교든 과학이든 그 어디에도 절대적인 믿음은 존재하지 않는다고 주장했다. 절대적 존재에 대한 믿음의 상실이 인류에게 반드시 긍정적인 결과를 가져오는 것은 아니다. 신과 도덕, 진리는 오랫동안 인류에게 삶의 방향을 제시하는 지침 역할을 해왔다.

인간은 믿을 존재가 있을 때 평온해진다

‘선행을 하면 천국에 갈 수 있다’, ‘이것이 도덕적으로 옳은 행동이다’, ‘추구해야 할 진리가 있다’는 믿음은 삶의 나침반이었다. 이러한 믿음을 상실할 경우, 인간은 목표를 잃고, 가야 할 방향을 알지 못하며, 궁극적으로 삶에의 의지마저 잃게 된다. 니체는 이러한 상태를 ‘니힐리즘nihilism’이라고 명명했다. 그는 시간이 흐를수록 니힐리즘이 더욱 극단화되어, 결국 200년 후에는 인류가 목표와 의욕을 잃고 무기력해질 것이라고 예언했다.

현대는 믿음을 상실한 시대

힘에의 의지를 깨워라

니힐리즘 시대에 살아남기 위해서는 자기 내면의 힘을 제대로 활용할 줄 알아야 한다.

니체는 사회의 주요 변화를 예측했을 뿐만 아니라 그 변화 속에서 어떻게 살아야 하는지에 대한 해답도 제시했다. 그는 '힘에의 의지'라는 개념을 통해, 모든 생명체가 본능적으로 확장과 성장을 추구한다고 보았다. 모든 생명은 본능적으로 자신을 강화하는 방향으로 향한다. 명확한 의식이 없는 아기조차도 성장을 위해 음식을 요구하듯, 인간은 더 많은 것을 얻기 위해 끊임없이 경쟁하며 승리를 추구한다. 권력욕도 힘에의 의지에서 비롯된다.

인간은 언제 힘이 솟아나는가?

힘에의 의지를 잘 활용하면 니힐리즘에 빠지지 않고 활기차게 삶을 영위할 수 있다. 그러나 힘에의 의지를 억압하고 부정하는 경우도 있다. 예를 들어, 기독교적 청빈과 겸손은 개인의 힘에 대한 욕구를 억제하는 방향으로 작용한다. 또한 자신의 성장을 원하면서도 타인의 성공을 질투하거나 무시하는 것은 힘에의 의지를 외면하는 태도와 다를 바 없다. 힘에의 의지를 깨우고 긍정적으로 발전시키는 법을 배워야만, 삶을 능동적으로 개척할 수 있다.

힘에의 의지를 깨워라

위버멘쉬는 누구인가?

니체는 자신의 가치관에 따라 삶의 의미를 스스로 만들어 가는 사람을 이상과 목표로 제시했다.

니체는 니힐리즘이 극단으로 치닫는 세상에서, 스스로 삶의 의미를 만들어낼 수 있는 사람만이 진정으로 풍요로운 삶을 살 수 있다고 보았다. 그는 니힐리즘을 전통적 가치관이 붕괴한 상태로 정의하며, 도덕적 규범이나 '이렇게 하면 옳다'는 확실한 정답이 사라진 사회에서 많은 사람이 삶의 목적을 잃고 무기력해질 것이라고 예견했다. 이러한 혼란 속에서 니체가 제시한 목표가 바로 '위버멘쉬Übermensch'이다.

자신의 가치관에 따라 살 수 있는 사람이 강하다

의욕이 없다.
CHIPS
인생은 즐거워!
위버멘쉬
사는 게 무의미하고 힘들다.
니힐리즘이 팽배한 세상

위버멘쉬는 흔히 생각할 수 있는 초월적 인격이나 초자연적 위력을 지닌 성자, 천재, 영웅 등과는 완전히 다른 개념이다. 위버멘쉬는 종교, 도덕, 상식 등 보편적 가치와 신념을 넘어서 삶의 의미를 자력으로 만들어 가는 존재이다. 외부에서 주어진 가치관에 기대지 않고, 스스로 삶의 기준이 된다. 현대 사회에서 우리는 위버멘쉬를 궁극적인 이상과 목표로 삼는 동시에 삶의 의미를 주체적으로 모색하고 창조하는 노력을 기울여야 한다.

삶의 의미를 스스로 만든다

똑같은 인생이 무한 반복 된다면?

똑같은 인생이 무한히 반복된다면, 자신의 삶을 긍정할 수 있는 사람이 얼마나 될까?

니체는 니힐리즘이 극단에 이른 세상에서도 긍정적으로 살 수 있는지를 알아보기 위해 '영원회귀'라는 사고실험을 고안했다. 니체가 살았던 시기에는 로베르트 마이어 Julius Robert von Mayer, 1814~1878 가 제시한 '에너지 보존 법칙'이 최신 물리학 이론으로 인정받았다. 이 법칙은 독립적으로 격리된 시스템에서 에너지의 총량은 변하지 않는다는 내용을 담고 있다. 니체는 이 이론을 바탕으로 영원회귀 사상을 발전시켰다. 예를 들어, 우주를 당구대라고 상상하고, 공이 마찰 없이 무한히 움직인다고 가정해 보자.

모든 것이 똑같이 반복되는 순간이 온다

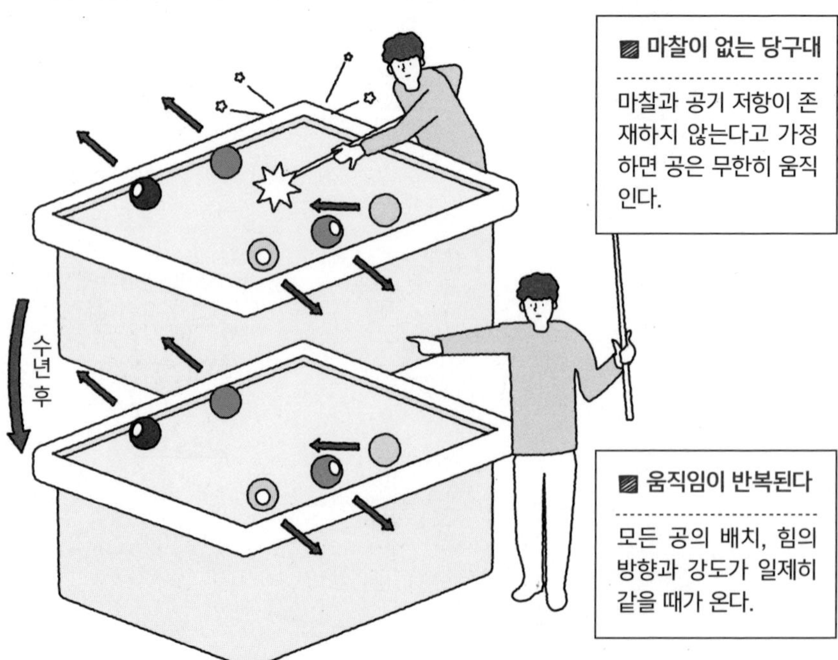

마찰이 없는 당구대
마찰과 공기 저항이 존재하지 않는다고 가정하면 공은 무한히 움직인다.
수년 후
움직임이 반복된다
모든 공의 배치, 힘의 방향과 강도가 일제히 같을 때가 온다.

공이 끊임없이 부딪히며 움직이는 모습을 관찰하다 보면 일제히 동일한 움직임을 반복하는 순간이 생길 것이다. '정확히 동일한 움직임'이라면 외력이 가해지지 않는 한 후속 움직임 역시 정확히 같을 수밖에 없다. 니체는 우주도 원자와 에너지의 집합체이기 때문에 인생 역시 반복될 것이라고 보았다. 따라서 자신의 의지와 상관없이 인생이 무한 반복된다고 가정했을 때, '몇 번이고 계속해서 반복하고 싶다'고 생각하는지, '절대로 반복하고 싶지 않다'고 생각하는지가 니힐리즘의 세계에서 긍정적으로 살아갈 수 있는지 없는지를 판단하는 기준이 된다.

무한 반복되는 삶을 상상해 보자

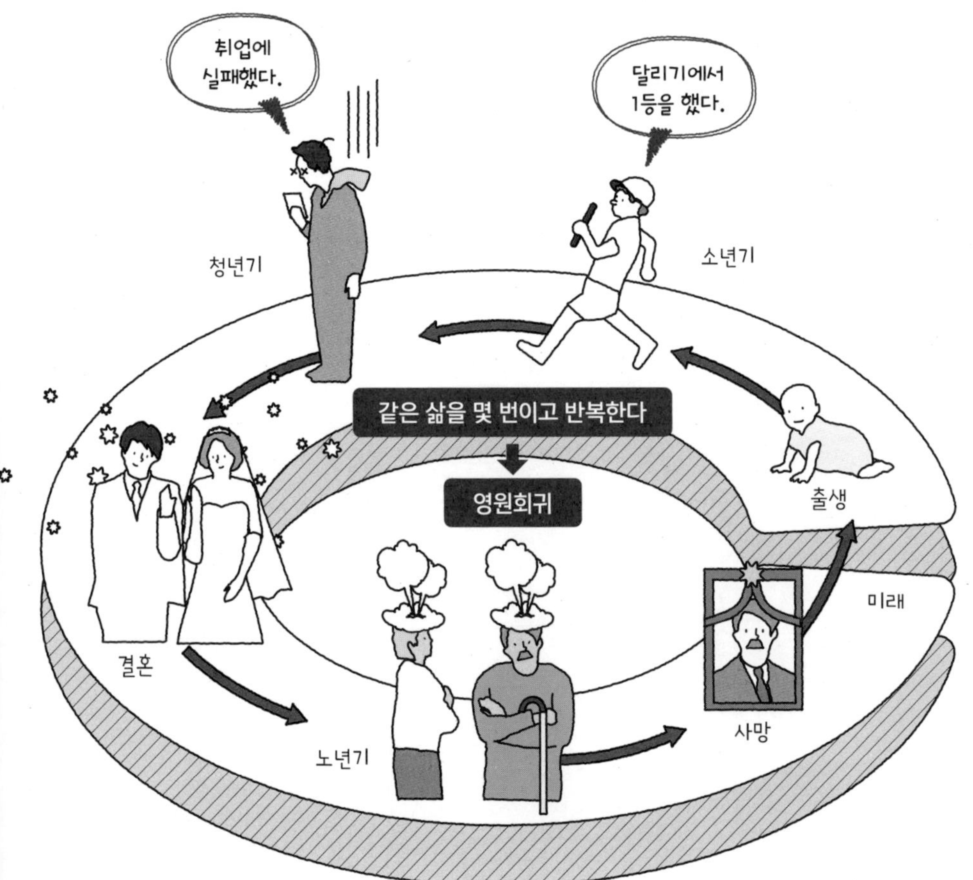

시적 비유와 은유로 사상을 전달하다

니체의 독특한 시적 비유와 은유적인 문체에서 비롯된 강렬한 텍스트는 독자에게 깊은 주의를 요구한다.

니체는 독창적인 사상뿐만 아니라 독특한 저작 방식으로도 주목받았다. 그의 저술은 전통적인 철학서처럼 논리적 전개를 따르기보다는 시적이고 암시적인 '아포리즘(시적 경구)' 형태를 취했다. 일반적인 철학서가 '문제→방법→논리→결론→실천'이라는 명료한 구조로 주장을 전개하는 반면, 니체의 저작은 단편적이고 자유로우며, 때로는 복잡하고 모호한 구조를 통해 사상을 전달하기 때문에 독자에게 더 깊은 해석을 요구한다. 니체의 글은 문장들 사이의 명확한 연결 고리가 부족해 보일 수 있지만, 찬찬히 읽다 보면 은밀한 연관성을 가진 주제를 발견할 수 있다.

일반적으로 철학은 체계적이다

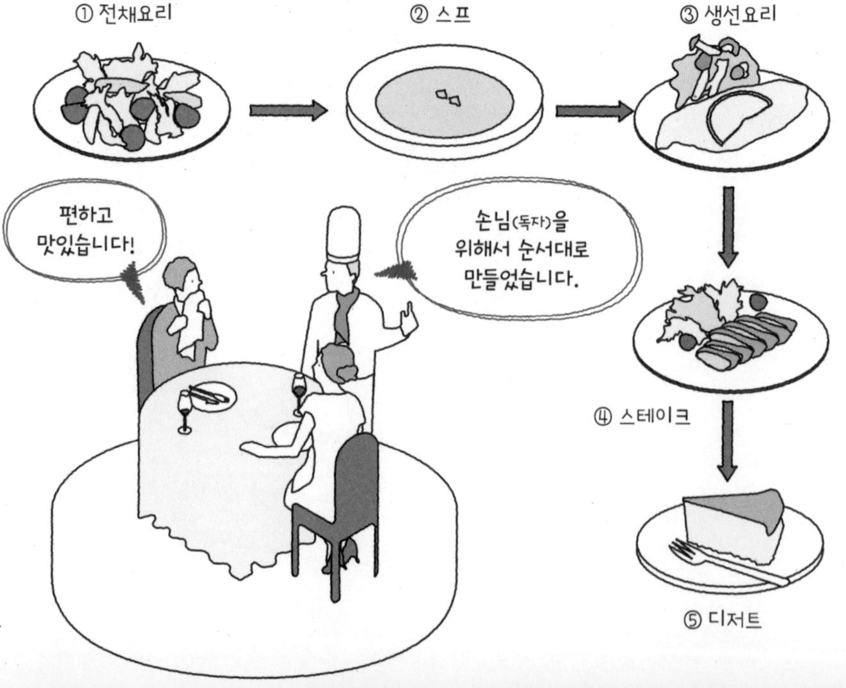

① 전채요리
② 스프
③ 생선요리
④ 스테이크
⑤ 디저트

편하고 맛있습니다!

손님(독자)을 위해서 순서대로 만들었습니다.

전통적인 철학서가 코스 요리처럼 순차적이라면, 니체의 저작은 다양한 선택이 가능한 뷔페와 같다. 각 주제는 독립적으로 제시되지만, 전체적으로는 일관성을 유지하고 있다. 니체 본인이 "체계를 세우려는 의지는 성실성이 결여된 것이다."라고 말했듯이, 논리 정연한 책은 '어딘지 모르게 수상쩍다'며 경계심을 가졌을 수도 있다. 이러한 독특한 접근 방식 때문에 니체의 저작은 종종 오해의 소지가 있으며, 특히 그의 철학이 나치에 의해 왜곡된 사례도 있어, 독자의 주의가 필요하다.

니체의 저작은 다양한 선택이 가능하다

column

니체의 말 ①

무를 찾아라.
-뭐라고?
네가 찾고 있다고?
너를 열 배, 백 배로 키우고 싶다고?
추종자를 찾는다고?
-차라리 무를 찾아라!

『우상의 황혼』

힘에의 의지는 인간으로 하여금 자신을 가능한 한 크게 보이려는 욕망을 불러일으킨다. '훌륭한 사람으로 인정받고 싶다', '대중의 존경을 받고 싶다', '누군가의 자랑이 되고 싶다'와 같은 욕구는 누구에게나 존재한다. 그러나 자신을 부풀릴수록, 진정한 자아는 서서히 가려지게 된다.

자신에게 없는 것을 보여주려다 보면 결국 허상에 의지하게 되기 때문이다. '나는 대단한 성과를 이루었다', '대기업에 다니고 있다', '명문 대학을 졸업했다' 등 외적인 성취에만 몰두하게 되는 것이다.

니체는 사람들이 허구적 가치에 얽매이는 것을 경멸했다. 과거의 성과나 사회적 지위는 본질적 가치에 어떤 의미도 부여하지 않는다. 명문 대학을 졸업하고, 대기업에 다닌다고 해서 본질이 변하지 않듯이, 영향력을 행사하려고 과시하는 태도 또한 실질적으로 아무런 변화도 불러오지 못한다. 진정한 실력에 맞지 않는 태도를 취한다면, 결국 그 허상은 무너지고 도태될 수밖에 없다.

중요한 것은 자신을 실제보다 더 크게 보이려는 욕망에서 벗어나, 있는 그대로의 자아를 이해하는 것이다. '더 강해 보여야 한다', '이렇지 않으면 부끄럽다'는 생각이 당신을 억누르고 있지는 않은가? 그러한 망상에 빠져 있으면 본연의 에너지를 잃게 된다. 당신은 자신의 '무'를 찾아야 한다. 스스로 만들어온 고정관념을 무너뜨리고, 진정한 기쁨을 느끼는 순간을 찾아야 한다. 그때 비로소 무한히 강해질 수 있다.

column

니체의 말 ②

너는 위대함에 이르는
너의 길을 가고 있다.
네 뒤에 되돌아갈 길이
더 이상 존재하지 않는다는 사실이
너에게 더 없는 용기를
불러일으켜야 하리라!

『차라투스트라 이렇게 말했다』

당신은 자신의 인생 여정을 확신하는가? 좌절이 당신을 본래의 목표에서 벗어나게 하지는 않았는가? 사회나 가족 구성원의 책임 때문에 꿈을 포기하지는 않았는가? 살다 보면 타협의 길을 선택할 수밖에 없을 때도 있다. 하지만 어떤 때는 포기하지 않아도 되는데 '더 이상 할 수

없다'며 스스로 외면해 버리기도 한다. 그 벽이 정말로 넘을 수 없는 벽인지, 아니면 당신이 만든 한계인지 솔직하게 생각해 보자. 어쩌면 포기할 필요가 없었을지 모른다. 아직 그 길은 열려 있을 수도 있다.

니체는 절대적인 것은 없다고 보았다. 모든 해석은 개인의 관점에 따라 다르며, 절대적으로 옳은 해석은 존재하지 않는다. 우리는 '절대'라는 말을 아무렇지도 않게 쓰지만, 니체는 '절대'라는 개념 자체를 부정했다.

물러설 길이 없을 때야말로 전진할 용기를 내야 한다. 넘을 수 없을 것 같은 벽은 사실 환상에 불과하다. '절대'라는 것이 존재하지 않기 때문이다. 당신이 니체의 사상을 진정으로 받아들인다면, 물러설 길이 없다는 사실에 오히려 더 큰 용기가 솟아오를 것이다.

두려움을 떨쳐내고, 심장이 불타오르는 용기를 품어보자! 그 벽을 넘는다면, 당신의 인생 앞에 펼쳐질 아름다운 풍경을 만끽할 수 있다.

02 Chapter

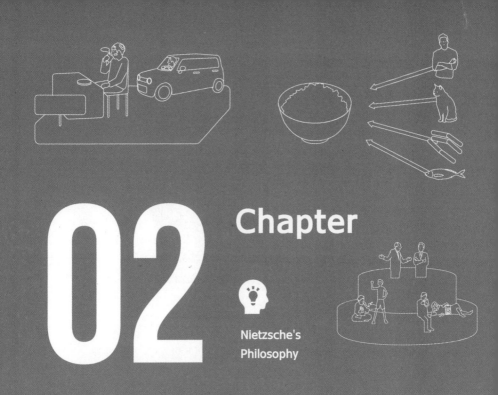

Nietzsche's Philosophy

내 생각은 정말 논리적인가?

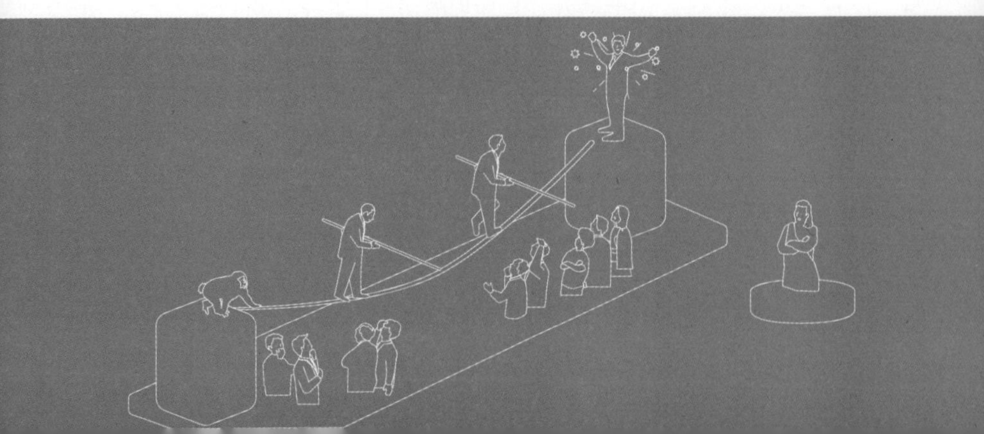

니체의 관점주의는 이전까지 서양 철학이 구축해 온 사고방식과는 거리가 멀다. 사물을 바라보는 기존의 상식을 뒤엎고 새로운 시각을 갖는 것이야말로 '어떻게 살아야 하는가?'에 대한 답을 찾는 출발점이 된다.

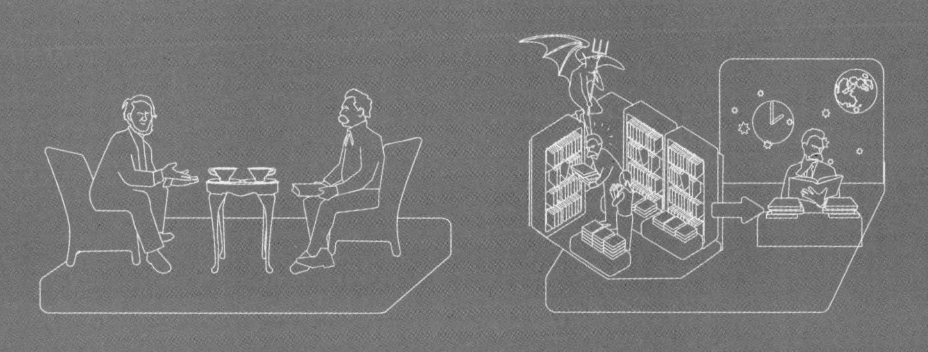

논리적 사고는 인간의 본성을 억압한다

소크라테스를 기점으로 이성중심주의는 오늘날까지도 지배적인 사고방식으로 여겨진다. 그러나 니체는 이성적 사고의 한계에 대해 날카롭게 비판했다.

니체는 철학자로서 '인간은 어떻게 살아야 하는가?'라는 근본적인 질문에 깊이 파고들었다. 그 과정에서 고대 그리스부터 시작된 유럽의 지성과 논리에 대한 찬양을 일찍이 문제 삼았다. 철학의 아버지로 불리는 고대 그리스 철학자 소크라테스는 이성을 통해 진리에 도달할 수 있다고 굳게 믿었다. 또한, 올바른 사고와 합리적 판단을 통해 인식 너머에 있는 심오한 진리를 발견할 수 있다고 주장했다. 그의 철학적 대화 방식인 변증법은 바로 이러한 사고방식에서 비롯된 것이며, 후대 독일 철학자 헤겔에 의해 더욱 정교하게 발전되었다. 헤겔은 상반된 의견들이 서로 충돌하고, 그 모순을 해결해 가면서 더 높은 차원의 통찰로 나아갈 수 있다고 보았다.

소크라테스적 사고방식

이성중심주의는 오늘날에도 여전히 강력한 설득력을 지닌다. 그러나 니체는 이성 자체가 인간의 삶을 전적으로 이해하거나 설명하는 도구가 될 수 없으며, 오히려 논리적 사고가 인간의 가장 중요한 본성을 억압할 수 있다고 경고했다. 인간은 단순히 논리와 이성으로만 살아가는 존재가 아니며, 그 밑에는 깊고 강렬한 본능과 생명의 충동이 존재한다. 이성의 한계를 넘어 본능과 감정, 힘에의 의지야말로 인간의 삶을 이해하는 데 필수적이라는 것이다. 니체는 이성 너머에 있는 진정한 삶의 의미를 발견하기 위해서는 이성중심주의적 사고를 해체할 용기가 필요하다고 보았다.

헤겔적 사고법

비극 속에서 강력한 삶에의 의지가 나온다

본능은 파멸을 초래할 때도 있지만, 니체는 이를 삶의 본질적 부분으로 받아들여야 한다고 보았다.

니체는 젊은 시절부터 이성만으로는 인간의 복잡한 본성을 설명할 수 없다는 점을 깨달았다. 26세에 발표한 『비극의 탄생』은 그의 초기 사상이 잘 드러나는데, 쇼펜하우어의 『의지와 표상으로서의 세계』에 깊이 영향을 받았음을 알 수 있다. 쇼펜하우어는 모든 생명체가 '살고자 하는 맹목적인 의지'를 지니고 있으며 거기에서 다양한 욕망이 생겨나지만, 세상의 자원은 유한하고 시간은 제한되어 있어 욕망은 항상 충족되지 않으며, 그 결과 고통이 발생한다고 주장했다. 니체는 쇼펜하우어의 사상을 수용하면서도 독창적으로 재해석했다. 『비극의 탄생』에서 그는 그리스 비극을 통해 인간 존재의 두 가지 상반된 측면을 설명했다.

삶은 이성적이지 않다

쇼펜하우어
인간은 '살고자 하는 맹목적인 의지'를 가지고 있다.
더 먹고 싶다.
벌써 다 먹어버렸네.
현상(유한한 세계)

이성적이고 질서를 중시하는 쪽을 '아폴론적', 감정적이고 본능적인 쪽을 '디오니소스적'이라 명명했다. 아폴론적은 이성, 절제, 형태를 상징하고, 디오니소스적은 감정, 본능, 혼돈을 대표한다. 니체는 그리스 비극에서 디오니소스적 본능이 인간의 원초적인 힘을 드러낸다고 보았다. 비극 속 주인공들은 운명에 맞서며 혼란과 파멸 속에서도 삶을 온전히 수용하는 모습을 보여준다. 니체는 여기서 본능과 감정을 긍정하는 강력한 삶에의 의지를 발견했다. 이에 인간은 이성으로만 살아갈 수 없으며, 본능을 억누르고 모순을 없애려는 시도는 인간의 자연스러운 힘을 억압한다고 주장했다.

본능과 감정을 긍정한 니체

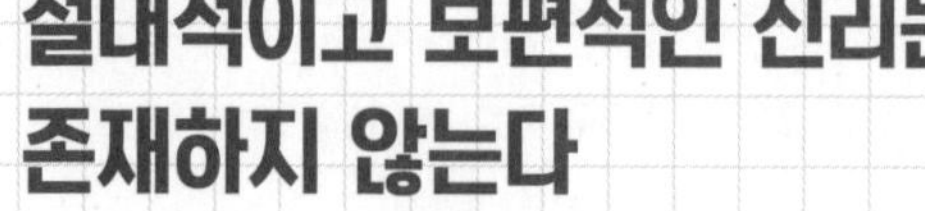

03 절대적이고 보편적인 진리는 존재하지 않는다

니체는 절대인 진리나 보편적 가치가 존재하지 않는다고 주장했다. 그의 철학적 혁명은 이 근본적인 통찰에서 출발한다.

니체는 철학적 탐구 초기부터 소크라테스의 이성중심주의에 의문을 제기했다. 그는 『비극의 탄생』에서 이성을 통해 진리에 도달할 수 있다는 믿음을 비판했으며, 이후 저서에서도 이러한 주장을 점차 강화해 나갔다. 니체는 건강 문제로 바젤대학교 교수직을 사임하고 사회적 규범에서 벗어난 자유로운 삶을 살기 시작했다. 이 시기에 그의 사상은 더욱 근본적인 변화를 겪었고, 그 결과 『인간적인, 너무나 인간적인』이 탄생하게 되었다. 이 책에서 니체는 진리란 인간이 만든 허구적 산물에 불과하다고 선언한다.

기존의 사고방식

사람들이 진리, 정의, 이상과 같은 '절대적 존재'를 추구하는 것은 낙관적 신념이며, 진리라고 믿는 것들은 사실상 그 시대와 문화에 따라 달라지는 주관적 해석이다. 보편적이고 절대적인 진리라는 개념은 허상이며, 진리를 추구하는 힘만이 존재할 뿐이다. 따라서 외부의 절대적 기준에 의존하지 않고, 자신이 만들어낸 가치 속에서 고유의 진리를 창조하며 살아가야 한다. 니체 본인도 그의 사상에 영향을 미쳤던 두 명의 스승 쇼펜하우어, 바그너와 결별하고, 새로운 철학을 제시하며 독자적 위상을 정립했다.

니체의 사고방식

04 인간은 욕망에 의해 움직인다

니체는 인간의 사고와 행동을 이끄는 진정한 동력은 이성이 아닌 욕망이라고 생각했다.

사람들은 종종 자신이 합리적이며 이성에 근거하여 판단한다고 믿는다. 그러나 니체는 이른바 합리적 판단이 사실은 욕망에 의해 조작된 것이라고 주장한다. 특정 대상에 대한 호의적 평가는 자신을 만족시키는 욕망에 의해 결정될 수 있으며, 반대로 악의적 평가는 그 대상이 실제로 나빠서가 아니라 자신의 욕망을 억누르기 위한 자기 합리화일 수 있다. 표면적으로는 논리적이고 그럴듯한 근거를 제시하고 이성적으로 보이지만, 그 밑바닥에는 개인적인 욕망이 작용하고 있다.

사람마다 사물에 대한 감정이 다르다

인간의 이성은 욕망을 정당화하거나 감추기 위한 도구에 불과하다. 니체는 이성적 사고와 판단이 실은 힘에의 의지에서 비롯된다고 보았다. 어떤 사람이 특정 신념을 강하게 주장한다면, 이면에 그것을 믿고 싶은 욕망에서 비롯된 의지가 존재한다. 니체의 통찰은 본성과 진정한 동기를 더 깊이 이해할 수 있는 길을 열어주었다. 이성의 배후에 존재하는 욕망을 인식해야만 본연의 자신을 발견할 수 있다고 주장했다.

사람들은 욕망에 따라 판단한다

인간의 판단은 본질적으로 주관적이다

인간은 자신의 입장에서만 세상을 바라보며 그 입장을 결정하는 것은 바로 힘에의 의지이다.

인간은 사물을 객관적으로 판단할 수 있을까? 사실, 모든 판단과 해석은 욕망과 힘에의 의지에 기인한다. 따라서 객관적으로 '이렇다'라고 말할 수 있는 것은 존재하지 않으며, 우리의 모든 판단은 본질적으로 주관적이다. 예를 들어, 우리에게 쌀밥은 매우 친숙한 음식이지만, 쌀을 먹지 않는 생물에게는 전혀 다른 의미를 가질 수 있다. 육식성 동물인 고양이는 쌀밥을 하얗고 끈적한 물질로 인식할 것이며, 박테리아는 쌀밥을 번식하기 좋은 환경으로 판단할 수 있다. 심지어 바닷속 물고기는 쌀밥이 존재하는지조차 모를 것이다. 이처럼 쌀밥조차 객관적 진리가 아니며, 각 생명체가 가진 욕망과 필요에 따라 그 의미가 달라진다.

절대적인 것은 존재하지 않는다

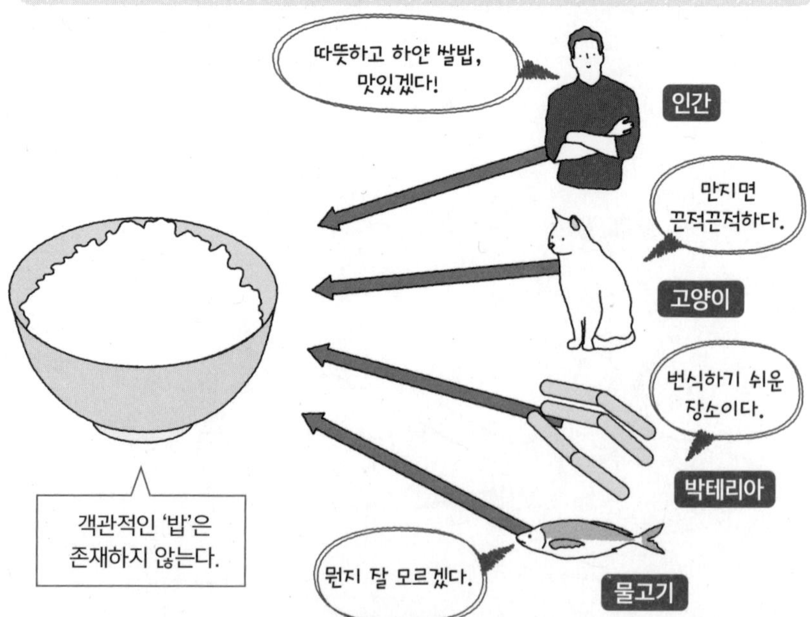

따뜻하고 하얀 쌀밥,
맛있겠다!
인간
만지면
끈적끈적하다.
고양이
번식하기 쉬운
장소이다.
박테리아
뭔지 잘 모르겠다.
물고기
객관적인 '밥'은
존재하지 않는다.

니체는 이러한 차이를 힘에의 의지로 설명한다. 모든 생명체는 자신의 힘을 키우고 세상에서 더 나은 위치를 차지하려는 욕구를 가지고 있지만, 힘을 추구하는 방법은 각기 다르다. 예를 들어, 컴퓨터를 잘 다루는 사람은 자신의 능력을 극대화하기 위해 컴퓨터를 필요로 하지만, IT에 문외한인 사람에게는 컴퓨터가 무의미하거나 불필요할 수 있다. 결국, 어떤 사물이나 개념의 의미는 그 사람의 힘에의 의지에 따라 달라지며, 개인의 경험과 상황에 따라 각자의 관점이 형성된다. 인간의 인식은 주관적이며, 우리는 각자의 입장에서 사물을 바라볼 수밖에 없음을 이해할 때, 서로 다른 관점을 존중하고 다양한 해석을 수용할 수 있다.

견해에 영향을 미치는 것은 '힘에의 의지'이다

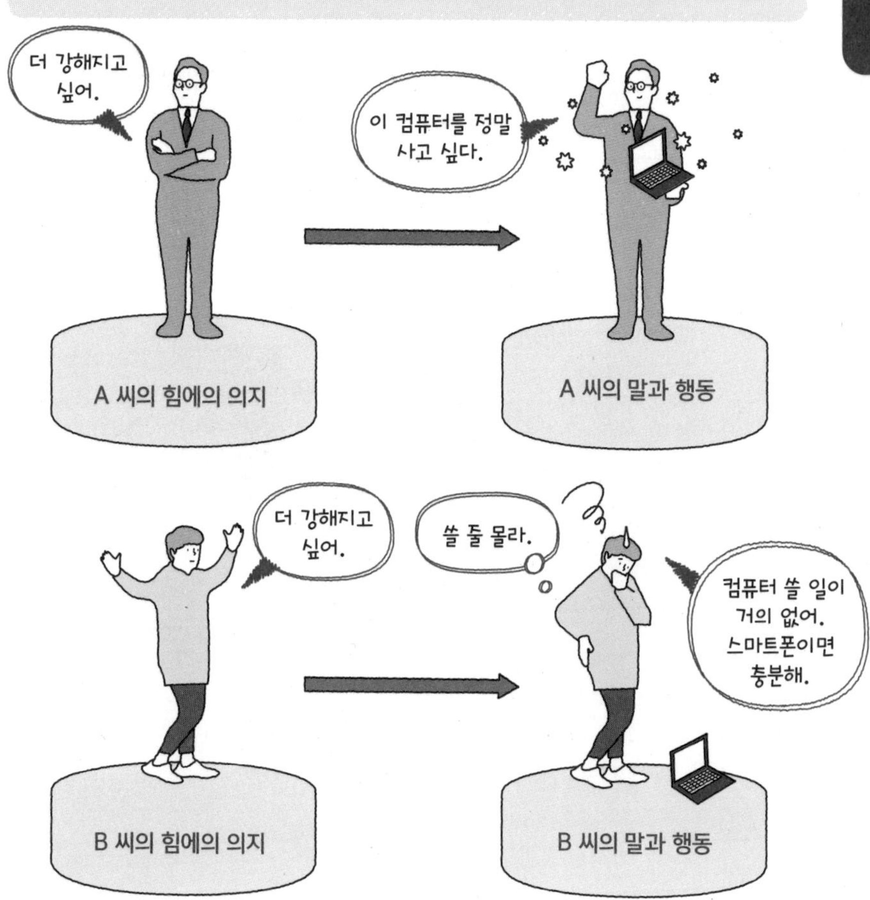

자기중심적인 사람은 멀리 볼 수 없다

논리적이고 객관적인 것처럼 보이는 판단도 그 이면에는 힘에의 의지가 깔려 있다. 이것이 바로 인간의 본성이다.

니체의 관점주의는 인간이 세상을 오로지 자신의 입장에서만 바라볼 수밖에 없다는 사실을 강조한다. 그의 저서 《인간적인, 너무나 인간적인》에서는 인간이 이해관계를 중심으로 판단하는 경향을 철저히 분석하였다. 사람들은 자신에게 유리한 것을 '선한 것', 불리한 것을 '악한 것'으로 정의한다. 이는 마치 가까운 것은 선명하게 보이고 먼 것은 흐릿하게 보이는 것과 같다. 니체는 이러한 자기중심적인 시각이 인간의 에고이즘에서 비롯된다고 보았다. 인간은 항상 자신을 중심으로 판단하고, 그 바탕에는 힘에의 의지가 자리 잡고 있다.

자신과 가까운 것일수록 중요해 보인다

예를 들어, 외모에 자신 있는 사람은 외모를 중시하고, 재력에 자신 있는 사람은 재력을 강조한다. 이처럼 사람들은 자신의 강점을 기준으로 세상을 해석하고 자신을 정당화한다. 합리적으로 보이는 주장도 실제로는 자신의 입장을 옹호하려는 의지의 표현이다. 자기중심적인 시각에 갇힌 사람은 더 넓은 세계를 보지 못하고, 자신의 욕망에 제한된 시야로만 세상을 바라보게 된다. 니체는 이러한 자기중심적 관점이 타인의 의견과 시각을 수용하는 데 장애가 되며, 결국 개인의 성장과 발전을 제한한다고 지적했다. 따라서 자신의 시각을 스스로 확장하고, 다양한 관점을 이해하려는 노력이 필요함을 깨달아야 한다.

주장 뒤에는 힘에의 의지가 있다

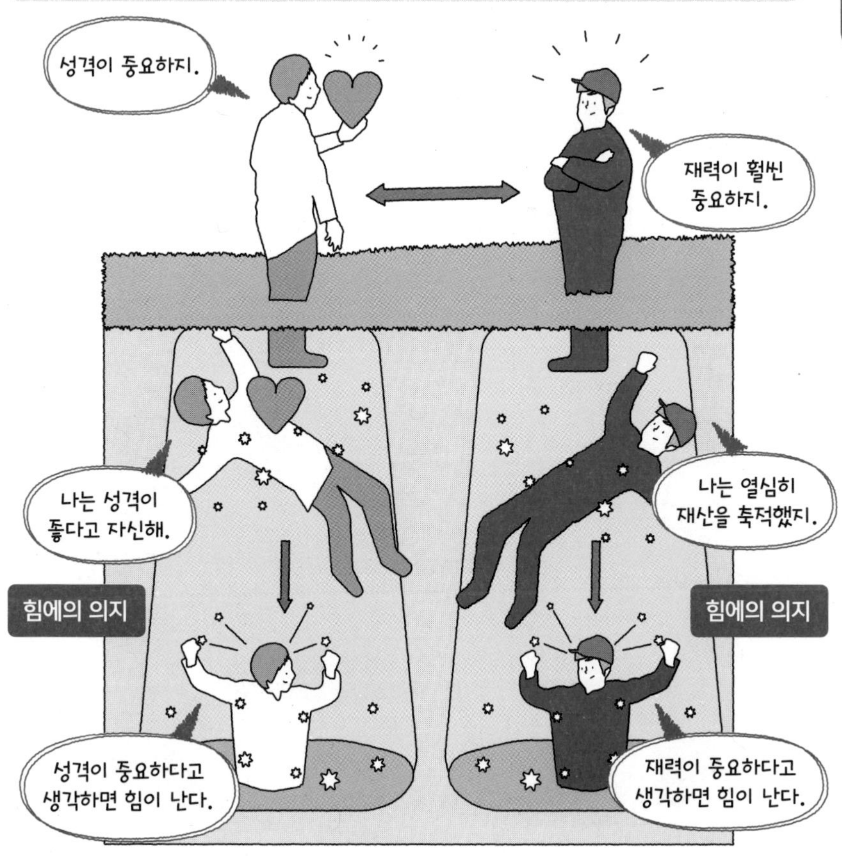

성격이 중요하지.
재력이 훨씬 중요하지.
나는 성격이 좋다고 자신해.
나는 열심히 재산을 축적했지.
힘에의 의지
힘에의 의지
성격이 중요하다고 생각하면 힘이 난다.
재력이 중요하다고 생각하면 힘이 난다.

07 주목받고 싶어서 고통을 드러낸다

일상에서 무심코 표출하는 불평이나 푸념에도 힘에의 의지가 숨겨져 있다.

니체는 『인간적인, 너무나 인간적인』에서 인간의 심리를 단순한 에고이즘 이상의 복잡한 구조로 탐구하며, 고통과 불행을 타인에게 드러내는 방식에 숨겨진 욕망을 분석했다. 그는 '함께 있는 사람이 표현하는 동정은 약자와 고통받는 자에게 위안이 되며, 자신이 여전히 세상에 영향을 줄 정도로 중요한 사람이라는 자만심도 커진다'고 설명한다. 자신의 고통과 불행을 드러내어 타인의 동정을 얻고, 이를 통해 일종의 힘과 우월감을 느낀다. 이는 자신이 타인에게 영향을 미치는 중요한 존재임을 확인하는 행위로 해석될 수 있다.

불평은 동정을 끌어내는 도구이다

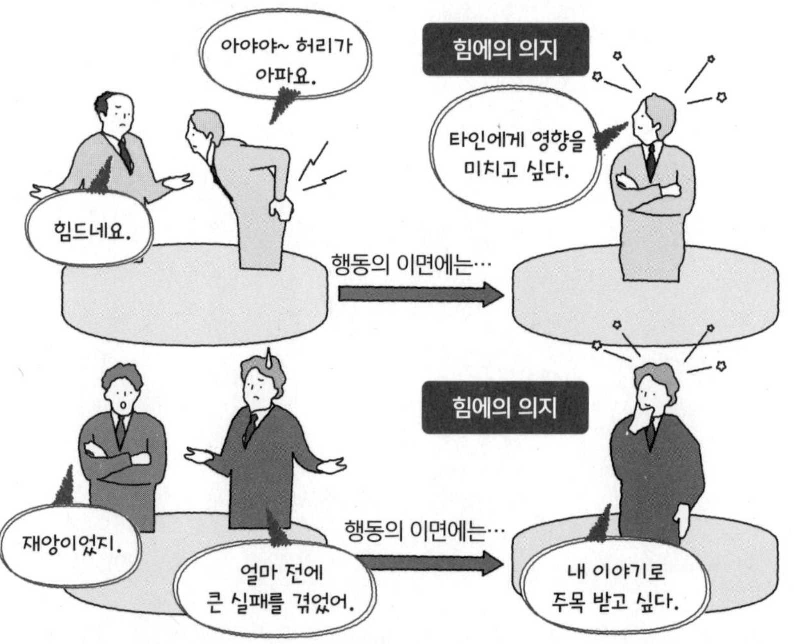

니체는 이러한 심리가 타인에게 주목받고자 하는 '힘에의 의지'와 연결되며, 불평과 자기 비하로 표출된다고 보았다. 예를 들어, '내 주제에' 혹은 '내가 뭐라고'와 같이 스스로를 과소평가하는 표현 속에서도 타인의 관심을 끌기 위해 약함을 드러내는 심리가 숨어 있다. 또한, 타인을 무시하거나 낮춤으로써 상대적으로 자신의 우월함을 강조하려는 욕구는 인간의 어두운 면모를 드러낸다. 니체의 통찰은 이러한 일상적인 행동의 심리적 동기와 복잡성을 날카롭게 파헤치며, 이 모든 행동이 힘에의 의지와 연결되어 있다고 주장한다. 즉, 인간은 타인의 주목과 인정을 통해 자신을 강화하려는 욕망을 품고 있다.

타인은 비난하는 것은 자신의 욕망 때문이다

08 동정도 병이다

동정심을 통해 얻는 일시적인 위안보다는, 진정한 자아와 연결된 삶을 추구하는 것이 더 의미 있는 선택일 것이다.

니체는 앞서, 주목받고 싶거나 상대를 통제하려는 의도로 동정을 유도한다고 비판했다. 흥미로운 점은, 그가 타인을 위해 이타적으로 동정을 베풀어야 한다고 주장하지 않았다는 것이다. 니체는 단순히 인간 본연의 자세를 논할 뿐, 도덕적 교훈을 제시하지 않는다. 그는 타인에 대한 과도한 생각과 우울함에 빠지는 것을 인간이 피해야 할 어리석음으로 보았다. 그는 '우울증-타인에 대한 동감과 배려 때문에 우울해지는 사람들이 있다. 그때 생기는 동정은 일종의 병일뿐이다'라는 엄중한 메시지를 전했다.

니체는 모든 동정을 부정했다

타인의 힘에의 의지에 속아 고통에 빠지는 것은 매우 어리석은 일이다. 자연스러운 본성을 벗어나, 자신과 거의 관련 없는 먼 사건이나 타인의 고통에 마음을 낭비하는 불필요한 감정 소모로 해석된다. 니체는 무엇보다 본연의 자신과 실제의 언행이 일치해야 한다고 강조한다. 힘을 키우고 싶은 욕구를 따르는 것이 본성인데, 거짓된 약함으로 타인의 연민을 구하는 것은 자기 본성을 배반하는 것과 같다. 그는 동정심을 도덕적 미덕으로 보지 않고, 인간 본성의 왜곡으로 간주했다. 지나친 배려는 삶에의 의지를 꺾을 수 있으니, 자신의 욕망과 본연의 모습을 일치시키는 것이 중요하다.

자신의 말과 행동을 되돌아본다

내 인생은 왜 이렇게
늘 힘이 들까요….
어디서나 주목받고
영향력 있는 사람이
되고 싶다.
실제의 언행
본연의 자신
어라?
정말 힘들다….
니체
정반대
이상과 다른 자신
본성과 욕망을 배반하면
자기 본연의 모습을 잃을 수
있으니 주의하자. 일치하도록
노력하는 것이 중요하다.

'그때 이렇게 했더라면…'은 억측이다

과거에 일어난 일에 대해서 인과관계가 있다고 생각하는 것은 잘못된 가정일 수 있다.

니체의 철학에서 중요한 개념 중 하나인 관점주의는 인간이 사물을 바라보는 방식이 절대적인 진리가 아니라 개인의 관점에 불과하다는 주장이다. 과거를 해석하는 방식도 마찬가지이다. 우리는 종종 과거를 회상하며 '그때 이렇게 했더라면…'이라는 생각에 사로잡히곤 한다. 이는 특정 사건이 인과관계를 통해 현재의 결과를 초래했다고 믿기 때문이다. 그러나 니체는 이러한 가정이 오류일 수 있다고 지적하며, '어떤 일이 발생하면 사람들은 놀라고 불안해하며 의지할 수 있는 알려진 것을 찾는다'고 언급한다. 과거를 회상하면서 원인과 결과를 명확히 규명하려는 경향은 안정과 확신을 추구하는 욕망에서 비롯된 것으로 해석할 수 있다.

인과 관계는 억측에 불과하다

이처럼 우리는 과거의 특정 결정이 현재의 결과를 낳았다고 믿음으로써 안심하려 한다. 그러나 실제로 과거의 사건은 단일한 원인으로 설명될 수 없는 경우가 많다. 예를 들어, 직장에서의 실패를 한 번의 실수나 개인의 선택 하나로만 설명하는 것은 사건의 복합적인 맥락을 간과하는 것이다. 성공이나 실패는 다양한 요소들이 상호작용을 한 결과이며, 과거의 특정 결정을 바꾼다고 해서 미래의 결과가 반드시 달라진다는 보장은 없다. 즉, 인과관계를 단순화하려는 시도는 억측일 뿐 진실이 아닐 수 있다. 니체는 과거를 분리하고, 있는 그대로 받아들이는 자세를 중시했다. 그는 더 이상 과거에 발목 잡히지 말고 자신의 의지대로 앞으로 나아가는 능동적인 삶을 선택하라고 당부한다.

이미 일어난 일을 후회하지 않는다

비논리적이기 때문에 삶을 영위할 수 있다

관점주의적 사고방식이 결코 나쁜 것은 아니다. 오히려 살아가는 데 없어서는 안 될 필수 요소라고 할 수 있다.

우리가 사물을 인식하는 방식에는 일반적으로 세 가지 경향이 있다. 첫째, 자신이 타인보다 우월한 관점을 가지고 있다고 판단하는 경향이 있다. 예를 들어, '저 사람은 틀렸어. 아무것도 몰라' 또는 '내 의견이 옳아!'라는 생각은 니체가 말하는 힘에의 의지가 작용하여 자신이 더 나은 위치에 있다고 가정하게 만드는 것이다. 둘째, 저마다 다른 관점을 가지고 있다. 각 개인은 자신의 경험과 이해를 바탕으로 세상을 바라보기에 같은 사물을 보더라도 해석이 달라질 수 있다. 셋째, 종종 자신만의 관점임을 자각하지 못한다. 모든 사람이 동일하게 보고 있다고 착각하면서, 다수파에 속하면 '저 사람은 왜 이걸 모를까?'라고 생각하고, 소수파에 속하면 '다들 아무것도 모른다'고 여긴다.

인간은 자신의 관점에 대한 확신을 가지고 있다

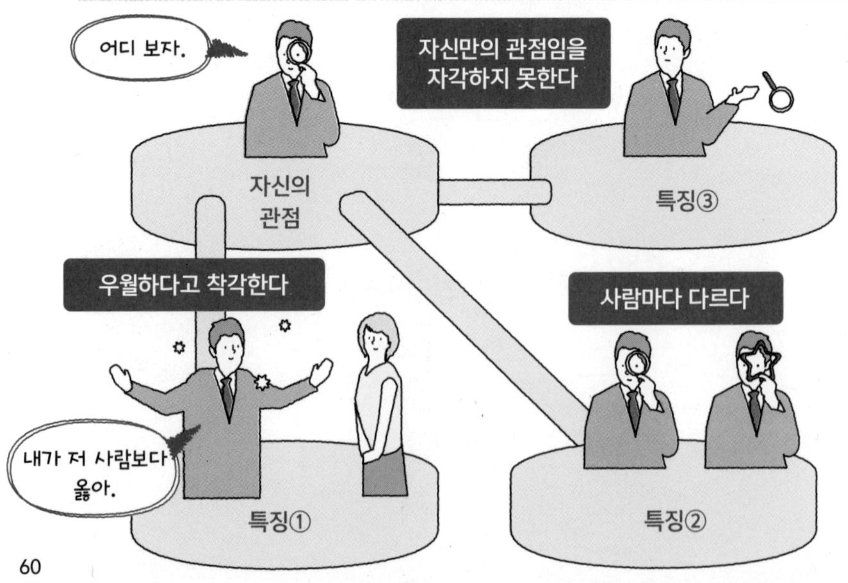

이러한 무의식적인 믿음이 종종 갈등과 다툼을 초래하지만, 관점주의는 자신의 가치관을 믿고 살아갈 수 있는 기반이 되기도 한다. 니체는 관점주의적 사고방식을 삶의 근본 조건으로 보았으며, 비논리적이거나 주관적인 시각이 존재하기 때문에 자기만의 방식으로 삶을 영위할 수 있다고 주장했다. 그는 비논리적 사고의 필요성을 강조하며, 우리가 사는 세상이 단순한 논리적 구조로 설명될 수 없음을 일깨운다. 관점의 다양성을 인정하고 수용함으로써, 서로 다른 삶의 방식과 가치를 존중하고 더 풍부한 경험을 누릴 수 있다.

주관적 사고 때문에 살 수 있다

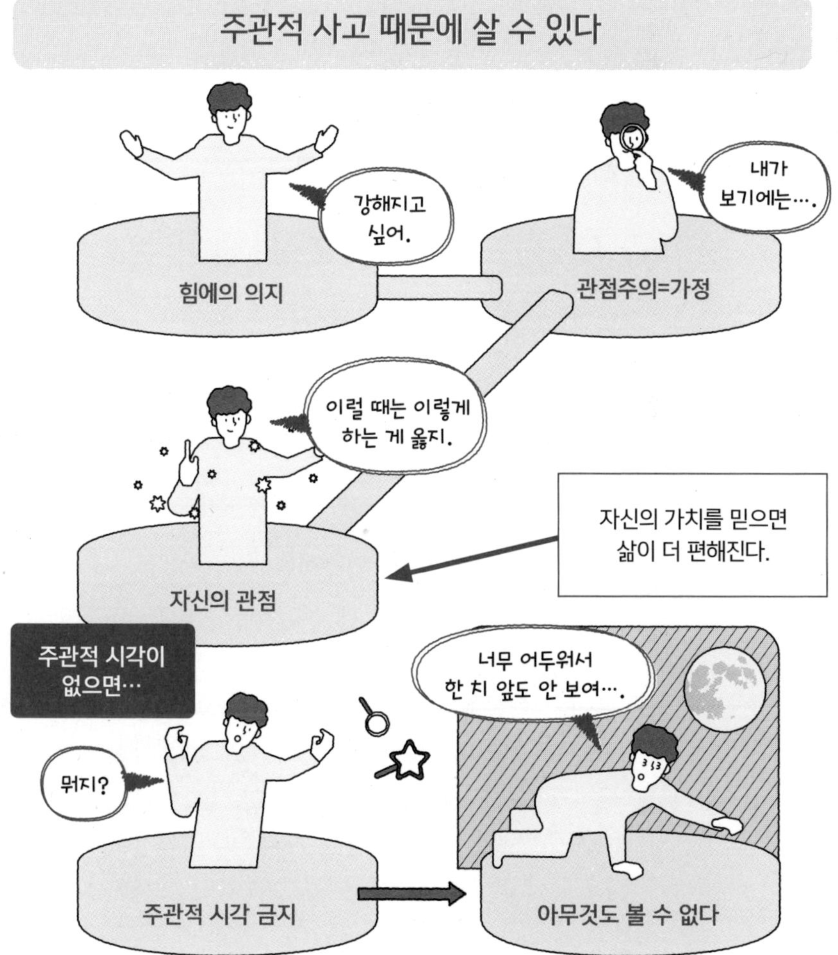

강해지고 싶어.
힘에의 의지
내가 보기에는….
관점주의=가정
이럴 때는 이렇게 하는 게 옳지.
자신의 관점
자신의 가치를 믿으면 삶이 더 편해진다.
주관적 시각이 없으면…
뭐지?
주관적 시각 금지
너무 어두워서 한 치 앞도 안 보여….
아무것도 볼 수 없다

column

니체의 말 ③

인간의 운명
-자신이 원하는 대로
행위하고 판단하더라도,
좀 더 깊이 생각하는 사람은
언제나 자신이
부당함을 알고 있다.

『인간적인 너무나 인간적인』

자신이 옳다고 확신하는 사람은 끊임없이 고민하는 사람일지도 모른다. 우리의 모든 행위와 판단은 결국 자신만의 필터를 거칠 수밖에 없기에, 절대적인 정답이라는 것은 존재하지 않는다. 개인의 편향된 가치관과 열등감이 결정에 영향을 미치기 마련이다. 이를 자각하지 못하면

타인과의 의견 차이를 받아들이기 어려워지고, '내 의견이 더 옳다!'고 고집하게 된다. 이를 보고 니체는 비웃으며 물을 것이다. "그 옳음은 누가 결정했는가?"

니체는 '애초에 인간이 옳은 선택을 할 수 있는가?'라는 의문을 던진다. '옳다'는 개념은 실재하는 것일까? 우리가 옳다고 느끼는 것은 어쩌면 우리의 주관적 오류가 아닐까? 우리가 옳다고 믿고 내린 선택이, 정말 정의롭고 순수한 목적에서 비롯된 것이 아니라, 사실은 우리의 이익과 힘을 강화하려는 의도에서 나온 것은 아닐까?

니체의 관점에서 틀릴 수 있다는 사실은 나쁜 것이 아니다. 오히려 인간은 '이것이 정답이다'라는 믿음 덕분에 살아간다. 정답이 없을지라도 우리는 각자의 정답을 찾아가고, 그 과정이 삶을 흥미롭게 만든다. 각자의 진리, 혹은 오류를 향해 나아가는 것이 우리 각자의 운명 아닐까? 해석은 사람마다 다를지라도 정답이 아닌 자신만의 인생을 긍정할 수 있다면, 그것을 정답으로 믿게 되는 순간이 올지도 모른다.

column

니체의 말 ④

오, 고독이여!
그대, 나의 고향 고독이여!
어찌 그리 복되고
부드러운 음성으로
그대, 내게 말을 건네는가!

『차라투스트라는 이렇게 말했다』

인간은 언어를 통해 자신의 세계를 확장한다. 알지 못했던 곳에도 마치 가본 듯한 경험을 하게 되고, 몰랐던 것들에 대한 이해가 깊어진다. 방을 떠나지 않아도 우리의 정신은 어디든 갈 수 있다. 그렇다면 우리가 돌아가야 할 '집'은 어디일까? 모든 정보를 차단하면 본래의 순수한 상태로 돌아갈 수 있을까? 언어와 지식이 없던 시절의 그 고요한 순수함을 되찾을 수 있을까?

니체는 고독을 진정한 '고향'이라고 말한다. 타인이 부여한 가치와 관념을 거부하고, 친절한 권유를 거절할 때, 비로소 복되고 부드러운 내면의 목소리가 들린다고 했다. 오늘날의 우리는 과연 니체가 말한 고향으로 돌아갈 수 있을까? 스마트폰을 항상 손에 쥐고, 인터넷 정보로 옳고 그름을 판단하며, 무엇보다도 실패를 두려워하는 우리가 과연 '고독' 속에서 살 수 있을까?

적어도, 타인의 생각을 맹신하지 않는 것이 그 시작이 될 수 있다. 타인의 의견을 받아들일 때, 그 의견이 정말 사실인지, 그 이면에 어떤 의도가 숨겨져 있지는 않은지 깊이 탐구할 필요가 있다. 어려운 점은 그럴듯해 보이는 상식과 정론에 쉽게 속지 않는 것이다. 마음속으로는 동의하고 싶지 않지만, '그럴듯함'에 휘둘려 내 의견을 바꾼 경험이 얼마나 많은가.

정보의 홍수 속에서 자신의 개성을 유지하고 진정한 행복과 고요함을 지키기 위해서는 내면에 침입하려는 외부의 소음에 맞서는 것이 중요하다. 니체가 말한 고독은 단지 혼자가 되는 것이 아니라, 내면의 목소리를 듣고 외부의 영향을 차단하면서 스스로를 지키는 고독이다.

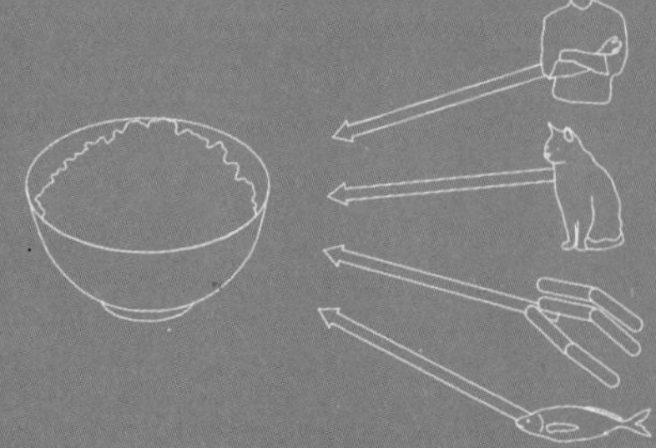

03 Chapter

Nietzsche's Philosophy

도덕은 정말 옳은가?

자신을 약하게 만드는
사고방식에서 벗어나라!

'타인에게 친절해야 한다', '자신의 행복만 추구하는 것은 옳지 않다'와 같은 도덕적 규범은 종종 인간의 양심에서 비롯된 것으로 여겨진다. 그러나 니체는 인간의 나약함을 외면하기 위해 이러한 도덕심을 만들어낸 것이라고 주장했다.

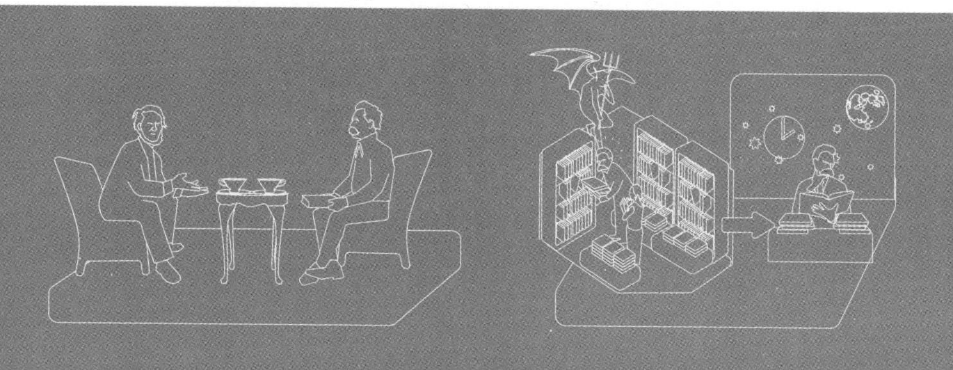

01 도덕은 관점적 사고의 산물이다

우리가 당연하게 여기는 도덕과 행동 규범은 절대적 진리가 아니라, 특정한 관점에서 탄생한 것이다.

니체는 '사물을 해석하는 방식이 사람마다 다르다'는 관점주의를 주장했다. 모든 사람은 자신이 처한 상황과 욕구에 따라 세상을 다르게 해석한다. 특히, 힘에의 의지를 가진 사람은 자신의 힘을 증대하는 방향으로 현상을 해석할 것이다. 이러한 맥락에서 니체는 도덕과 행동 규범 또한 특정한 관점에서 탄생했다고 보았다. 예를 들어, 코로나바이러스 위기 때 각국의 마스크 착용 정책을 살펴보면, 공공의 안전을 이유로 마스크 착용을 의무화한 국가들이 있는가 하면 개인의 자유를 우선해 자율화한 국가들도 있었다. 이는 인간의 '행복'을 어떻게 정의하느냐에 따라 국가 정책도 달라짐을 보여준다.

도덕도 관점에 따라 달라진다

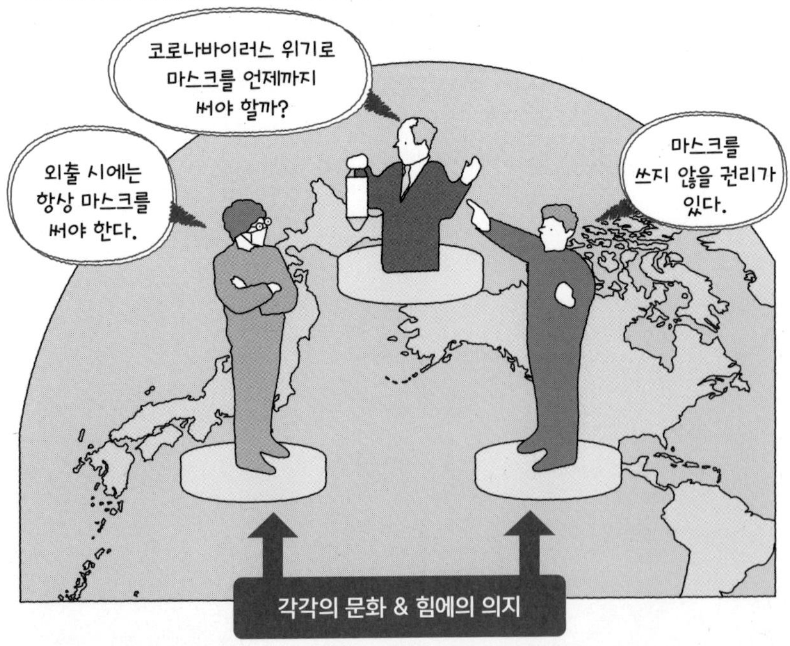

니체의 관점에서 보면, 이러한 정책들은 각 국가가 처한 상황과 필요에 따른 해석의 결과일 뿐, 어느 하나가 절대적으로 옳거나 그르다고 할 수는 없다. 도덕과 행동 규범에는 보편적이고 절대적인 '옳고 그름'이 존재하지 않는다. 배신과 권력 투쟁이 빈번했던 혼란의 시대를 살았던 사람들의 행동을 오늘날의 도덕 기준으로 보면 무자비하게 느껴질 수 있지만, 당시 그들도 나름의 힘에의 의지에 따라 도덕적 판단을 내렸을 뿐이다. 그 결과 그 시대에 맞는 도덕과 규범이 형성되었다. 도덕은 고정된 진리가 아니라, 각 시대와 상황에 맞춰 변화하며, 그것이 옳다고 여겨진 것은 언제나 관점에 의한 해석일 뿐이다. 궁극적으로 도덕은 우리가 만든 해석의 틀이며, 그 안에서 우리는 끊임없이 자신을 정당화하고 현실을 파악할 뿐이다.

절대적이고 보편적인 도덕은 없다

편의적 사고는 마음을 잠시 위로할 뿐이다

인간은 감당하기 어려운 현실에 직면할 때, 자신을 보호하기 위해 내면의 가치관을 편의적으로 조정한다. 이러한 조정이 도덕으로 자리 잡기도 한다.

우리는 흔히 도덕이나 행동 규범이 인간의 본능적 양심에서 비롯된 것이라고 착각한다. 그러나 인간의 행동을 자세히 살펴보면, '이렇게 하면 기분이 좋다'는 단순한 이유만으로도 도덕이나 규범으로 받아들여지는 경우가 많다. 니체는 이 중에서도 특히 '가치 전복'을 일으키는 도덕을 비판했다. 가치 전복이란 고통 때문에 기존의 선악관이 뒤집히는 현상을 말한다. 힘에의 의지는 본래 더 강해지고자 하는 인간의 근본적 동기이다. 따라서 현실에서 원하는 만큼 성취하지 못할 때, 심각한 좌절과 고통에 빠진다. 실패가 반복되면 자신의 무력함을 마주하게 되고, 이로 인해 정신적 고통은 극에 달한다.

힘에의 의지가 고통을 낳기도 한다

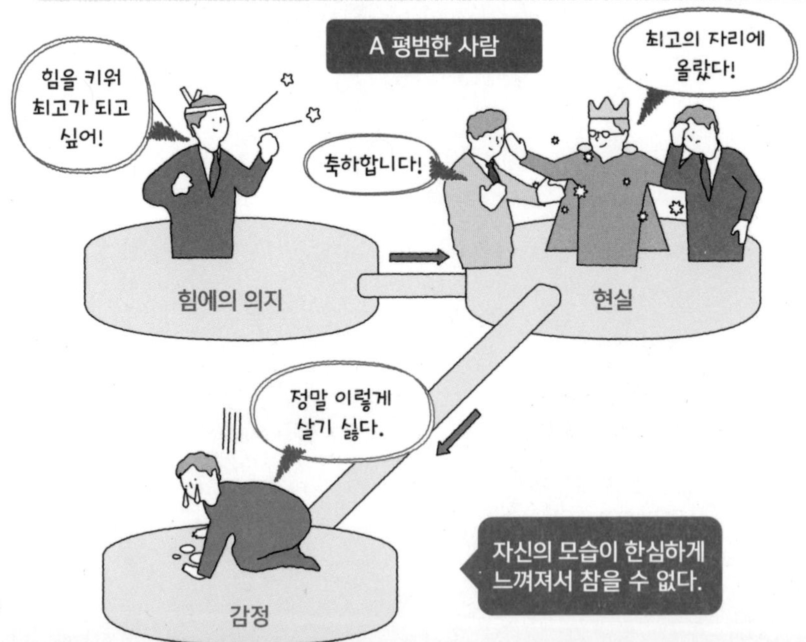

바로 이 순간, 인간은 고통에서 벗어나기 위한 탈출구를 찾으며 기존의 가치관을 재편성하기 시작한다. 처음에는 '강한 것이 선'이라는 신념 아래 행동했으나, 계속된 패배 앞에서 '이기는 것보다 노력하는 과정이 더 중요하다'는 식으로 자기 위안을 찾는다. 더 나아가, 강자를 부정하며 '강함은 허상이며 속임수다'라고 깎아내림으로써 자신의 패배를 정당화하고, 가치 전복을 시도한다. 이는 고통을 회피하기 위해 만들어낸 편의적 사고의 결과이다. 편의적 사고로 형성된 도덕은 일시적으로 위안을 줄 수 있지만, 궁극적으로 인간의 가능성을 제한하고 억누르는 기만적 도구에 불과하다.

인간은 궁지에 몰리면 가치 전복을 시도한다

약자는 무의식적으로 강자를 미워하며 도덕은 그 미움을 정당화한다

인간은 자신보다 강한 사람을 무의식적으로 미워하는 경향이 있으며, 이 감정은 도덕 형성에도 깊은 영향을 미친다.

강자를 악인으로 간주하는 가치 전복은 단순히 개인적 문제로 끝나지 않는다. 평범한 도덕성에도 이러한 가치 전복이 은밀히 스며들어 있다. 예를 들어, 불로소득으로 연봉 2억을 벌며 고급 외제 차를 타는 사람과 월 20시간의 야근을 하면서 연 3,000만 원을 버는 사람 중 어느 쪽이 더 선하게 느껴지는가? 대다수가 자연스럽게 '연봉 2억을 버는 사람은 뭔가 수상하다'고 의심을 품을 것이다. 아이러니하게도, 가전제품은 고사양, 고성능을 선호하면서, 사람에 한해서는 강자에게 부정적인 감정을 갖는다. 니체는 이 심리를 '르상티망ressentiment'이라는 개념으로 설명한다. 르상티망은 프랑스어로 '대적할 수 없는 대상에 대한 억눌린 원망과 미움'을 의미한다.

어느 쪽이 선한 사람으로 보이는가?

·연 수입은 2억이다.
·모두 불로소득이다.
·고급 외제 차를 타고 있다.
·연 수입은 3,000만 원이다
·매월 20시간 야근을 한다.
·대중교통을 이용한다.
A
B
A 씨는 뭔가 불법적인 일을 하는 거 아닐까?
B 씨는 매우 성실한 것 같아.

인간은 자신의 한계를 자각하고 더 강한 자들과 경쟁할 수 없음을 깨닫게 되면 깊은 불만에 빠진다. 이때 억눌린 감정은 강자의 능력과 성공을 평가절하하는 방식으로 표출된다. 이는 개인적 감정에 그치지 않고, 도덕적 판단으로까지 이어진다. 니체는 이를 비판했다. 약자들의 억눌린 감정, 즉 르상티망에 의해 형성된 도덕은 더 이상 힘에의 의지를 반영하지 못하고, 되려 인간의 본성을 왜곡한다. 현대 사회의 도덕도 약자들의 르상티망을 반영한 측면이 크다. 부와 권력을 가진 이들에게 더 엄격한 도덕적 잣대를 들이대며, 그들의 성공을 불법적이거나 부정한 것으로 간주하곤 한다. 현실에서 이러한 경향은 불평등을 해소하기 위한 노력이 아니라, 약함을 정당화하려는 무의식적 시도로 이어진다. 결국, 강자에 대한 약자의 미움은 도덕적 규범으로 굳어지며, 그들의 르상티망은 사회적 합의를 통해 정의로 포장된다. 니체는 힘에의 의지를 긍정하고, 더 강해지려는 노력을 방해하지 않아야 진정한 도덕임을 인식해야 한다고 조언한다.

르상티망은 인간의 본성을 왜곡한다

04 사후 보상을 기대하는 것은 현실을 외면하는 것과 같다

일부 도덕은 허구적인 가치관을 만들어 강자를 부정하고, 약자를 위로하는 방식으로 작동한다.

약자가 강자를 부정하는 방식은 단순히 강자를 깎아내리는 것에서 끝나지 않는다. 그들은 현실에서 맞서기 어려운 강자와 자신을 구분 짓기 위해, 실제로 존재하지 않는 허구적 가치를 만들어내고, 이를 통해 가치 전복을 시도하여 자신을 정당화한다. 예를 들어, 시험에서 100점을 받은 사람에게 르상티망을 느끼는 이들은 '공부밖에 할 줄 모르는 사람'이라고 깎아내린다. 더 나아가 '공부만 잘하는 사람은 사회 적응력이 떨어진다'라는 허구적 가치를 만들어 자신이 성취하지 못한 것을 정당화하려 한다. 이러한 허구적 가치관은 사실과 동떨어져 있지만, 그럴듯하게 들리기 때문에 사람들은 이를 쉽게 받아들인다.

허구적 가치에 근거해 강자를 부정한다

니체는 ‘가여운 자, 선한 자는 내세에 구원받는다’, ‘사람은 내면이 중요하다’, ‘성과로 판단하면 안 된다’ 등의 담론을 현실에서 성취하지 못한 약자들이 만들어낸 ‘노예 도덕’이라고 보았다. 이는 강자의 성취를 부정하고, 약자의 실패를 미화하며 고통을 회피하는 수단으로 기능한다. 니체는 이와 같은 도덕을 강하게 비판했다. 사후 보상에 의지하거나 허구적 가치를 만드는 것은 현실 도피에 불과하다. 이러한 도덕에 물들면 마음의 평안을 얻는 것처럼 느낄 수 있지만, 이는 자신을 기만하는 것이다. 실제로는 인간으로서의 성장과 강해질 기회를 스스로 포기하는 것과 같다.

사후 세계는 허구이다

니체는 왜 기독교를 비판했는가

니체는 유럽 도덕의 근간이 된 기독교를 약자의 르상티망에서 비롯된 종교로 보고 강하게 비판했다.

니체는 목사 가정에서 태어나 어린 시절 기독교적 교육을 받았지만, 37세에 출간한 『서광』과 43세에 쓴 『도덕의 계보』에서 기독교적 도덕과 교리를 날카롭게 비판했다. 주목해야야 할 사실은 니체는 예수 그리스도 자체를 부정하지 않았다. 니체가 기독교를 비판한 핵심 이유는 그 뿌리에 르상티망이 자리 잡고 있다고 보았기 때문이다. 그는 기독교가 유대교의 가르침을 계승했으며, 오랜 고난의 역사를 겪은 유대 민족이 자신들의 약함을 정당화하기 위해 '성직자적 평가양식'을 발전시켰다는 것이다. 기독교에서 강조하는 이웃 사랑, 겸손, 조건 없이 베푸는 친절의 가르침은 강함을 추구하는 '귀족적 평가양식'과는 대조적이다.

니체는 기독교를 비판했다

감사합니다.
나만 생각하지 말고 남에게 베풀어라.
네 이웃을 사랑하라.
약자우대
가난한 자, 병든 자, 고통받는 자는 복이 있나니.

기독교의 가르침 중에서 '가난한 자, 병든 자, 고통받는 자는 복이 있나니', '인간은 원죄를 지고 있다', '고난을 사랑하라'는 교리는 니체에게 르상티망의 산물로 보였다. 이러한 가르침은 현실에서 강자의 힘과 성취를 부정하고, 약자의 고통을 미화하며, 궁극적으로는 강자의 가치를 전복하는 도덕적 틀을 제공한다. 약자 스스로 불리한 상황을 고결하게 여기고, 현실의 고통을 극복하기보다는, 고통을 찬양하고 내세의 보상을 약속함으로써 사람들이 현실을 도피하게 만들었다. 니체는 이것이 인간의 힘에의 의지, 즉 더 강하고 위대한 존재로 나아가려는 본능을 억제하는 기제로 작용한다고 보았고, 그의 철학에서 중요한 비판의 대상이 되었다.

인내는 인간을 약하게 만든다

니체는 기독교가 널리 퍼진 이유를 원죄사상에서 찾았다. 그는 기독교가 인간의 고통을 내면화하고, 스스로를 비난하게 만드는 종교로 작동한다고 보았다.

니체는 반기독교적 입장이었지만, 금욕주의적 삶이 일종의 '삶을 보호하려는 본능'에서 비롯된다는 점은 어느 정도 인정했다. 그러나 금욕주의가 결국 삶을 부정하고 인간의 자연스러운 본성을 억압한다며 강하게 비판했다. 인간이 지닌 힘에의 의지와 성장 가능성은 끊임없는 도전을 통해 발전하는데, 금욕주의는 이러한 본능을 억누르고 인간을 나약하게 만든다는 것이다. 니체는 강자와 약자의 구분이 필연적이라고 주장했다. 부와 권력의 불균등한 분배는 인간 사회의 자연스러운 결과이며, 약자 입장에서 이웃 사랑과 동정을 강조하는 것은 불가피하다. 결론적으로 '이웃 사랑'이라는 개념은 강자와 약자 간의 대립을 전제한다.

약자는 구원을 갈구할 수밖에 없다

약자끼리 서로 지원하고 연대하는 것은 이해할 수 있으나, 그것이 근본적인 문제를 해결하지는 못한다. 이는 오히려 약자의 상태를 고착화하며, 현실적이고 능동적인 해결을 저지하는 도덕적 틀을 제공할 뿐이다. 약자의 도덕적 우월감은 약함을 더 깊이 내면화하며, 자기 스스로 성장을 막는다. 또한, 기독교는 고통의 책임을 본인에게 전가하도록 유도한다. 니체는 인간이 타인에게서 오는 고통보다 스스로를 비난하며 느끼는 고통을 더 잘 견딜 수 있다는 점에 주목했다. 기독교는 이 자기 비난의 메커니즘을 통해, 고통을 스스로 감내하고 내면화하도록 가르쳤다. 이는 인간을 약화하는 동시에 기독교의 종교적 권위를 강화하는 수단이 되었다. 결국, 인내와 고통을 미화하는 가르침은 인간을 더욱 약하게 만들며, 강자와의 대립에서 벗어날 수 없는 상태로 남겨둔다. 니체에게 있어, 기독교적 도덕관은 인간의 가능성을 제한하는 억압의 프레임일 뿐이었다.

금욕주의는 새로운 지배구조이다

강자는 스스로를 긍정한다

니체는 도덕을 두 가지로 구분했다. 하나는 약자가 강자를 부정하며 형성한 '노예 도덕', 다른 하나는 강자가 스스로를 긍정하는 '군주 도덕'이다.

일반적으로 도덕은 인간의 양심에서 비롯되며, 사회의 안정과 질서를 유지하기 위한 지혜로운 장치로 여겨진다. 그러나 니체는 이러한 통념을 거부하고, 도덕이 인간의 '무리 본능'에서 비롯되었다고 주장했다. 무리 본능이란 공동체의 이익을 개인의 이익보다 우선시하는 경향을 말한다. 사회 유지와 안녕에 적합하다고 여겨지는 도덕관이 공동체의 이익에 부합하는 방향으로 선택된다. 니체는 도덕이 인간의 양심에서 창조된 것이 아니라, 사회적 필요에 따라 만들어지고 유지된 산물이라고 지적했다. 기독교적 '노예 도덕'이 사회에 널리 퍼지기 전에는 강자의 '군주 도덕'이 지배적이었다.

지배자들은 스스로 선악을 규정한다

군주 도덕에서 강자는 자신의 본능과 행동을 선으로 규정하고, 그와 반대되는 행동을 악으로 간주했다. 이 도덕적 체계 속에서 강자는 스스로를 긍정하고, 자신의 본성을 떳떳하게 받아들였다. '강하고 자신감 있는 것', '적극적이고 창의적인 것', '건강하고 성적으로 강한 것', 심지어 '사치와 잔인함'도 강자의 힘에의 의지를 통해 긍정되었다. 이러한 특성들은 그들의 권력과 우월함을 나타내는 증거로 여겨졌다. 반면에, 약자는 자신의 생존을 위해 '노예 도덕'을 발전시켰다. 힘에의 의지를 부정하는 대신 동정, 겸손, 희생을 미덕으로 삼고, 도덕적 우월성을 주장하며 강자의 행동을 비난했다. 그 결과, 노예 도덕은 강자를 억제하고 약자의 이익을 보호하는 도덕적 틀로 자리 잡았다. 군주 도덕과 노예 도덕의 본질적인 차이점은 힘에의 의지를 긍정하느냐, 부정하느냐에 있다. 니체는 군주 도덕이야말로 인간 본연의 도덕관에 근접한다고 보았으며, 강자가 스스로를 긍정하고 그 본성을 긍정하는 방식의 도덕이라고 주장했다.

군주 도덕과 노예 도덕의 차이

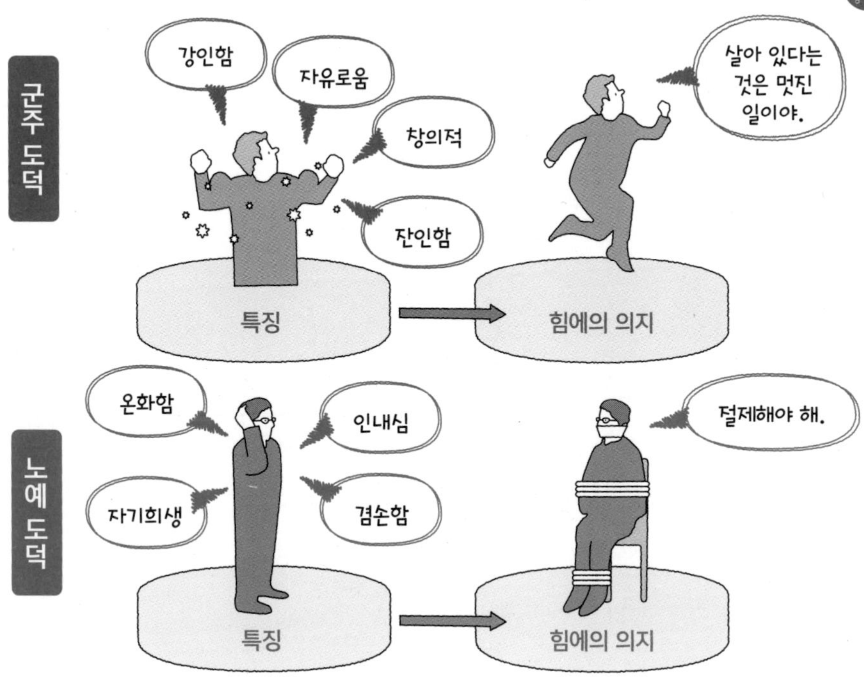

허구적 가치관이 현실을 왜곡한다

실재하지 않는 가치관에 얽매이면 현실을 살아갈 강한 힘을 잃게 된다.

니체는 사후세계, 영혼 불멸, 신의 구원과 같은 현실과 동떨어진 종교적 개념들을 날조된 '배후 세계'라고 비판했다. 여기서 배후 세계란 눈으로 보거나 손으로 만질 수 없는 상상의 세계를 의미한다. 니체는 종교와 철학이 '절대적 진리'와 '영원한 존재'를 주장하는 이유는 이러한 믿음이 사람들에게 심리적 위안을 주기 때문이라고 결론지었다. 예를 들어, '선을 행하면 천국에 갈 수 있다'는 교리가 타인을 돕고 싶은 동기를 유발할 수는 있지만, 이러한 이타적 행동이 반드시 행복을 보장하는 것은 아니다.

강요된 가치관에 시달린다

니체는 불확실한 배후 세계로 도피하기보다는 현실을 직시하고 자신을 단련하는 것이 더 중요하다고 보았다. 우리에게 주어진 허구적 가치관, 즉 '이렇게 하면 행복해질 것이다'라는 믿음도 배후 세계의 일종으로 볼 수 있다. 예를 들어, 과거에는 '대기업에 취직하면 행복할 것이다' 또는 '결혼하면 행복할 것이다'와 같은 가치관이 일반적이었다. 그러나 직장이나 결혼이 반드시 행복을 보장하는 것은 아니며, 오히려 이러한 기대가 압박감으로 작용해 사람을 더 힘들게 만들기도 한다. 니체는 이러한 배후 세계가 인간을 진정으로 행복하게 만들지 못한다고 지적하며, 현실에서의 경험과 자기 성찰을 통해 진정한 힘을 찾길 바랐다.

본인의 만족과 '배후 세계'는 아무 관련이 없다

절대적 가치관은 점차 사라지고 있다

근대 과학주의의 발전으로 기독교적 배후 세계는 무너지고, 니힐리즘의 그림자가 드리우기 시작했다.

기독교 세계관의 핵심은 '선행을 하면 신의 나라인 천국에 갈 수 있다', '신이 인간을 그의 형상대로 창조했다', '신의 형상을 지닌 인간이 사는 지구가 우주의 중심이며, 모든 천체가 지구를 중심으로 돈다'는 믿음이었다. 니체가 살던 시대보다 훨씬 이전에는 전혀 의심의 여지가 없었다. 그러나 근대화와 함께 찾아온 과학의 진보는 이러한 신념에 심각한 의문을 제기하기 시작한다. 예를 들어, 지동설을 주장하여 이단으로 몰린 갈릴레오가 재판에서 "그래도 지구는 돈다."라고 말한 일화는 잘 알려져 있다. 과학의 발전은 기독교적 세계관에 대한 의구심을 불러일으키기 시작했다.

기독교적 배후 세계가 붕괴하다

다윈의 진화론이 널리 퍼지고, 과학적으로 증명할 수 없는 것들은 믿기 어려워짐에 따라 기독교적 배후 세계는 점차 무너져 갔다. 그러나 니체는 과학주의 자체도 경계했다. 과학이 절대적 진리를 추구한다는 점에서 또 다른 형태의 절대성을 지닌다고 보았기 때문이다. 그는 절대적인 것이 존재하지 않는다는 사실이 드러날 때, 우리는 결국 니힐리즘의 시대를 맞이할 것이라고 확신했다. 니체는 절대적 가치가 사라지고 의미의 부재를 경험하는 시대가 언젠가 반드시 도래할 것이라고 경고했는데, 이는 인간의 존재와 삶의 의미에 대한 심오한 질문을 던지게 만든다.

절대적인 과학주의도 경계하다

나약한 사고방식에서 벗어나야 하는 이유

무의식적으로 몸에 밴 도덕관이나 사상을 되짚어보면 뜻밖의 통찰을 얻을 수 있다.

니체의 '노예 도덕', '르상티망', '배후 세계'와 같은 개념들은 사회를 근본적으로 의심하게 만드는 통찰을 제공한다. 그렇다면 우리는 이러한 철학적 사유를 일상에 어떻게 적용할 수 있을까? 가장 먼저 해야 할 일은 자신을 약하게 만드는 허구적 가치관, 즉 배후 세계에 사로잡혀 있지 않은지 점검하는 것이다. 예를 들어, '선행을 하면 천국에 갈 수 있다', '결혼하면 행복하다', '진리는 반드시 존재한다'는 믿음은 일시적인 안정감을 줄 수도 있지만, 현실을 외면하게 만든다. 선행이 반드시 보상받지 않을 수도 있고, 결혼이 행복을 보장하지 않을 수도 있으며, 절대적 진리가 존재하지 않을 수도 있다는 것이 냉혹한 진실이다.

자신을 약하게 만드는 배후 세계를 인식하자

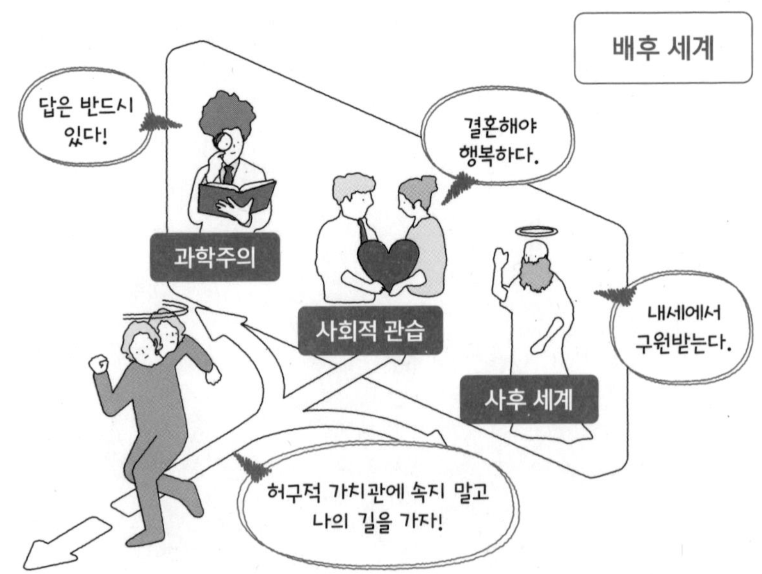

혹시, 주어진 가치관을 맹목적으로 따름으로써 스스로를 불행하게 만들고 있지는 않은지 재고해야 한다. 또한, 강자를 원망하며 스스로를 희생자로 여기는 '르상티망'에서 벗어나는 것도 중요하다. 성공한 사람을 부정하거나 절제를 미덕으로 삼는 태도는 사실상 본인의 성장을 방해하는 행위이다. 니체에 따르면, 인간은 본질적으로 '힘에의 의지'에 의해 움직이기 때문에 르상티망을 멈출 때 비로소 삶의 에너지가 다시 솟아난다. 나약한 사고방식에서 벗어나면 더 강하고 자율적인 삶을 살 수 있을 것이다.

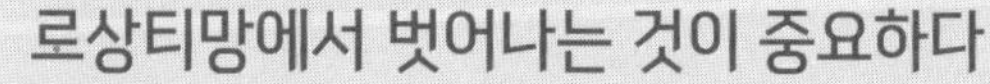

column

니체의 말 ⑤

언젠가
위대한 정오를 맞이하여
나 준비되어 있기를
그리고
성숙해 있기를.

『차라투스트라는 이렇게 말했다』

니체는 태양을 상징적인 존재로 자주 언급하며, 이를 에너지와 생명의 상징으로 묘사했다. 특히 '위대한 정오'라는 표현에서 태양은 단순한 자연현상을 넘어 삶의 풍요로움과 충만함을 상징한다. 니체는 위대한 정오가 오면 가장 길었던 오류가 끝난다고 말했다. 이 말의 의미는 무엇일까? 다양한 해석이 가능하지만, 이는 인간이 허구적 가치관에 갇혀 있는 현실을 가리키는 것으로 보인다.

인간은 기독교 이전부터 다양한 종교적, 도덕적 체계를 통해 정신적 안정을 추구해 왔다. 이러한 체계는 일부에 의해 창조되었거나 자연스럽게 형성된 것이지만, 종교적 믿음은 오랫동안 인간의 정신적 버팀목이 되어왔다. 그러나 과학주의의 발달과 함께 전통적 신앙 체계가 쇠퇴했고, 믿을 수 있는 것의 소멸은 많은 이들에게 위기로 여겨질 수 있다. 니체는 이 변화를 긍정적으로 바라본다. 그는 기존 가치관의 붕괴를 '새벽'에 비유했다. 종교나 도덕적 가치관을 맹신하는 것은 일견 편안할 수 있지만, 이는 인간의 에너지를 온전히 활용하지 못하게 만든다.

니체는 인간이 종교나 도덕에 의존하지 않고 자신의 에너지를 신뢰하며 삶을 개척할 때, 더 강력한 존재로 진화할 수 있다고 말한다. 이 과정에서 생명력과 정신적 고양감을 온전히 느끼게 된다. 마치 아침 햇살이 뺨을 비추며 부드러운 온기로 감싸듯, 풍요로움을 선사할 것이다. 그러니 용기를 가지고 삶의 방향을 전환해 보자. 기존의 허구적 가치관을 버리고, 자신의 삶을 주체적으로 이끌 때, 비로소 본연의 자신과 조우하게 된다. 그리고 더 밝고 강렬한 빛 속에서 세상을 바라볼 수 있을 것이다.

니체의 말 ⑥

나는 지는 태양,
저 넘치는 자에게서
그것을 배웠다.
태양은 무진장한 풍요로부터
황금을 꺼내 바다에 뿌린다.

『차라투스트라는 이렇게 말했다』

니체는 저서를 통해 문화와 종교를 신랄하게 비판했지만, 실제 성격은 섬세하고 예의 바른 인물이었다. 그의 저작은 격렬하고 다소 도발적이지만, 이는 특정 개인이나 집단을 겨냥한 것이 아니다. 기존의 도덕적 가치관과 사회적 신념에 대한 심층적 비판으로 볼 수 있으며, 독자의 깊은 성찰을 유도하려는 의도가 담겨 있다. 실제로 그의 말과 글에서 타인에 대한 깊은 배려와 친절을 느낄 수 있다.

니체는 르상티망에 근거하여 도덕을 비판했으나, 친절을 부정한 것은 아니었다. 오히려 타인에게 베푸는 것에서 삶의 의미를 찾았음을 그의 글을 통해 느낄 수 있다. 친절은 단순히 상대에게 상처를 주지 않는 것을 넘어, 때로는 상대방이 상처를 받더라도 그것을 성장의 발판으로 삼도록 격려하는 것일 수도 있다. 그의 저서에는 이러한 친절함이 곳곳에 담겨 있다. 예를 들어, 기독교에 대해 비판할 때도 '기독교가 극복해야 할 문제를 지적하고 있다'라거나 '독실한 기독교 신자일수록 비판을 더 진지하게 받아들인다'는 인상적인 태도로 접근했다.

니체는 목사 집안에서 태어나 대학 중반까지 신학을 공부할 정도로 기독교에 익숙했다. 그의 종교 비판은 성마른 반발이 아니라, 철저한 고민에서 나온 의미 있는 통찰을 제공하는 방향으로 전개되었다. 이러한 배경을 이해하고 니체의 저서를 읽으면 더 깊은 깨달음을 얻을 수 있다.

손익 계산에 얽매이지 않았던 니체는 세속적 성공보다 진정한 배려를 실천하는 삶을 추구한 인물이었다. 그의 삶을 통해 우리는 일시적이거나 계산된 친절보다 진심으로 상대를 생각하는 배려의 가치가 훨씬 크다는 가르침을 배울 수 있다.

04 Chapter

Nietzsche's Philosophy

무기력을 극복하는 방법

절대적 가치관에 대한 믿음을 잃으면 인간은 삶의 의지를 상실하게 된다. 이러한 시대의 도래를 예고한 니체는 '위버멘쉬'라는 개념을 제시하며 인류가 니힐리즘을 극복하길 바랐다.

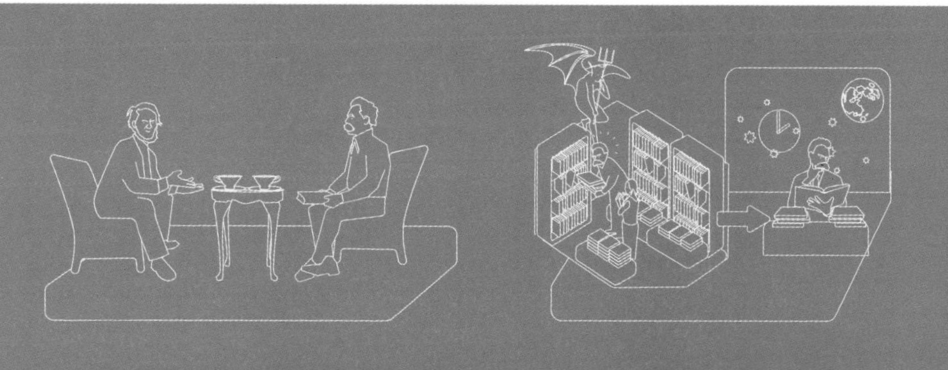

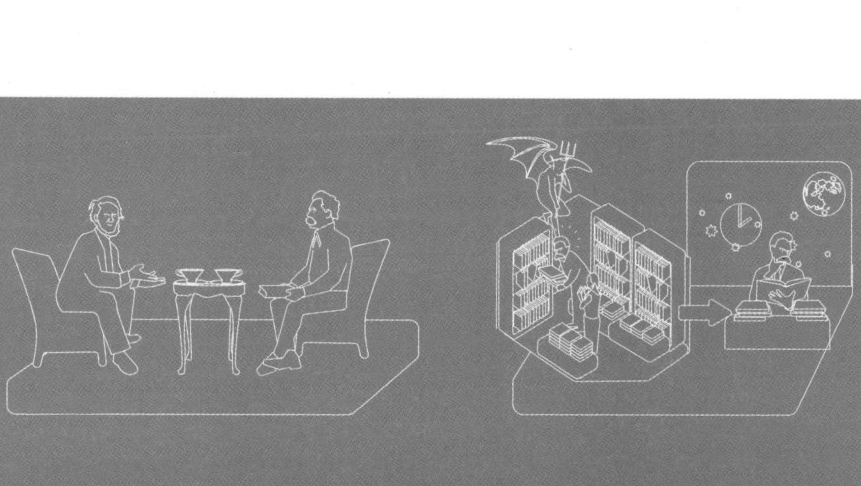

절대적 가치를 상실하면 삶의 의미를 잃는다

과거 인간은 절대적 가치를 믿고 의지했다. 그러나 문화와 지식의 발달은 그러한 믿음을 더 이상 지속할 수 없게 만들었다.

니체는 인간이 힘에의 의지를 통해 자신이 보고 싶은 대로 세상을 해석한다고 주장하며 관점주의를 제시했다. 즉, '신의 세계', '절대적 진리', '선한 자가 보상받는 도덕'과 같은 믿음은 절대적인 것이 아니라, 단지 개인이 자신에게 유리하다고 느끼기 때문에 받아들여지는 것일 뿐이다. 하지만 과학주의와 유물론적 세계관이 발전하면서 절대적 가치를 신봉하던 시대는 막을 내리게 된다. 니체의 저서 『즐거운 학문』에 등장하는 유명한 선언, '신은 죽었다! 신은 죽어버렸다! 우리가 신을 죽인 것이다!'는 바로 이러한 절대적 가치의 붕괴를 상징한다. 과학의 발전과 종교적 신념의 쇠퇴는 인간이 더 이상 신이나 절대적 진리에 의지할 수 없는 시대를 열었다.

비현실적인 이상은 거짓인가?

이러한 변화는 큰 혼란을 가져왔다. 더 이상 절대적 가치를 믿을 수 없게 된 인간은 삶의 궁극적인 의미마저 잃어버리기 쉽다. '영양을 섭취하기 위해 밥을 먹는다', '출근하기 위해 전철을 탄다' 등 일상적인 행동 하나하나에는 목적이 있지만, '나는 왜 사는가?'라는 근본적인 질문에는 답하지 못한다. 니체는 이러한 절대적 가치의 상실을 니힐리즘(허무주의)으로 정의했다. 니힐리즘은 인간을 무력하게 만들고, 삶에의 의지를 약화한다.

큰 목표가 없으면 삶의 의미를 잃는다

02 목표가 없으면 삶의 의지를 잃게 된다

모든 가치를 무의미하게 만드는 니힐리즘을 그대로 받아들인다면, 삶은 공허하고 무의미하게 느껴질 수 있다.

단조로운 일상이 반복되면, 문득 '나는 지금 뭘 하고 있나?'라는 질문을 던지게 된다. 인간은 의미를 찾지 못하는 상황에서 스트레스를 받으며, 이는 심리적 고통으로 이어질 수 있다. 예를 들어, 2차 세계대전 중 나치 정권은 하루 반나절 동안 구덩이를 파게 한 후 다시 메우게 하는 방식으로 수용자들을 고문했다. 이는 무의미한 행위의 반복이 인간에게 얼마나 큰 고통을 주는지 보여준 단적인 예이다.

인간은 무의미함을 견딜 수 없다

절대적 신념이나 가치를 잃는 상황 역시 인간으로서의 존재 자체에 대한 깊은 혼란을 불러일으킨다. '지금까지 믿어왔던 모든 것이 헛되었구나'라는 공허함이 밀려오면, 무력감과 절망에 빠지기 쉽다. 그 결과 '모든 것이 무의미하니, 무엇을 믿을 수도, 무엇을 할 수도 없다'는 자포자기 상태에 이르게 된다. 목표 없는 삶은 방향을 잃은 배와 같다. 어디로 가야 할지 모르는 채 표류하면서 삶의 열정과 의욕을 상실하게 된다. 니체는 이러한 상태를 '수동적 니힐리즘'이라고 불렀다. 이는 목표 없이 반복되는 무의미한 삶을 받아들이고, 그 속에서 삶의 의지를 점차 잃어가는 현상이다. 그러나 니체는 수동적 니힐리즘을 무기력하게 받아들이기보다, 힘에의 의지를 통해 무의미함을 초월하고, 보다 활기차고 창조적인 삶으로 나아가는 방법을 모색했다.

의욕을 잃게 만드는 수동적 니힐리즘

삶을 긍정할 수 있는가?

니체는 니힐리즘을 철저히 경험함으로써 절대적 가치관으로의 회귀를 막아야 한다고 조언했다.

절대적 가치를 믿을 수 없는 시대에도 삶을 긍정할 방법은 무엇인가? 이는 니체 철학에서 핵심적인 질문이다. 과거에는 '신앙'이나 '절대적 진리'에 대한 믿음이 사람들에게 삶의 방향성을 제공했다. 그러나 니힐리즘이 지배하는 현대 사회에서는 더 이상 그러한 절대적 가치를 찾기 어렵고, 대다수는 반복되는 일상에서 삶의 의미를 상실하고 방황한다. 그 결과, '신은 죽었다는 니체의 선언을 외면하고, 절대적 가치를 다시 믿는 것이 더 행복하지 않을까?'라는 유혹에 빠질 수 있다.

목표 없는 삶을 긍정할 수 있을까?

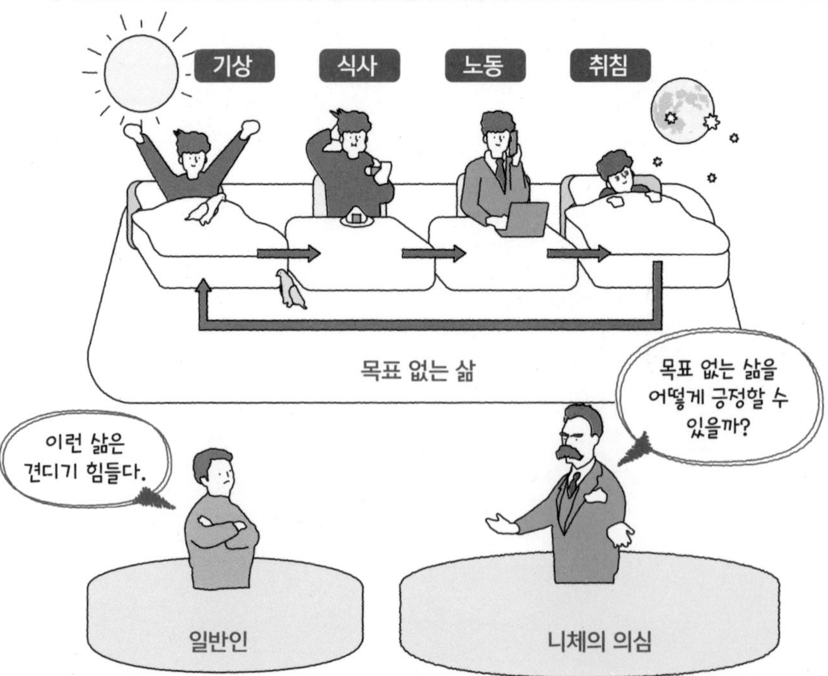

니체는 이러한 회귀를 강하게 경고하며 절대적 가치관으로 돌아가는 것이 아니라, 니힐리즘을 철저히 경험하고 수용해야 한다고 주장했다. 니힐리즘을 철저히 경험하면, 더 이상 기존의 절대적 가치나 르상티망에 기초한 도덕에 의존하지 않게 된다. 그때야 비로소 자기 고유의 가치를 창조할 수 있다. 니체는 이 과정에서 힘에의 의지를 통해 자기 초월과 긍정적인 삶에의 의지를 실현할 수 있다고 보았다. 이는 궁극적으로 창조적이고 자유로운 삶으로 나아가는 길이다.

삶의 의지를 꺾는 해석은 NG

04 자신을 중심에 둔다

니힐리즘 시대에 의욕적인 삶을 살기 위해서는 어떤 순간에 성취감을 느꼈는지 돌아보는 것이 중요하다.

절대적 가치를 믿기 어려운 시대에도 삶을 긍정하려면 무언가에 성취감을 느낄 수 있어야 한다. 반복되는 일상에서 어떤 의미를 찾기란 쉽지 않겠지만, 그렇다고 해서 모든 것이 무의미하다는 결론에 이를 필요는 없다. 예를 들어, 도자기를 빚는 행위 자체는 본질적으로 특별한 의미를 지니지 않을 수 있다. 하지만 완성된 도자기를 보고 만족을 느낄 때, 우리는 성취감을 얻는다. 이 성취감, 즉 생명력이 고양되는 느낌이야말로 허무주의 시대에 삶을 긍정하는 열쇠이다.

무엇을 할 때 성취감을 느끼는가?

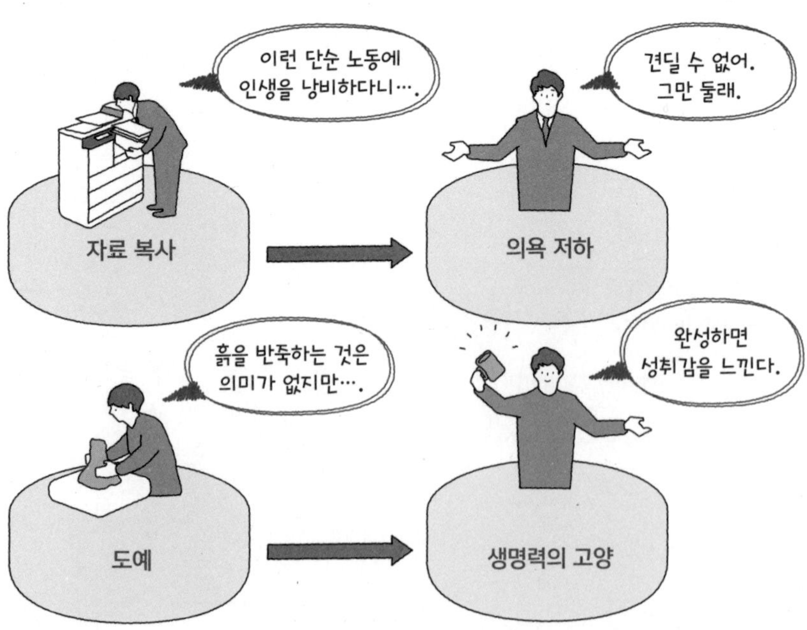

과거에는 주어진 절대적 가치를 그대로 수용하는 것이 삶을 풍요롭게 하는 핵심이었다. 그러나 니체가 말하길, 니힐리즘의 시대에는 삶의 의미가 더 이상 외부로부터 주어질 수 없다. 자신에게 집중하고, 삶의 의미를 스스로 창조해야 한다. 자신이 삶의 의미를 결정하되, 다음의 몇 가지 조건을 충족하는 것이 중요하다. 첫째, 성취감이 충만하고 생명력이 고양되는 느낌을 주는가? 둘째, 르상티망(원망이나 질투)에 근거하지 않는가? 셋째, 기존의 가치가 전복되지 않는가? 이러한 기준을 만족하는 삶의 방식을 찾는다면, 자연스럽게 자신을 긍정할 수 있을 것이다. 결국, 성취감을 느낄 수 있는 자신만의 방식을 찾는 것이 니힐리즘을 극복하는 첫걸음이다.

삶의 의미를 스스로 정할 수 있는가?

이건 성취감을
느낄 수 있어….
자신의 의미
스스로 고양되는
느낌이 드는가?
No
다시 생각하기
Yes
그대로 진행
Q1
No
다시 생각하기
Yes
그대로 진행
네!
Q2
르상티망에
근거하지 않는가?
축하하오!
새로운 시대의
사고방식에 적합하군!
해냈다!
GOAL

05 모든 생명은 강해지고 싶어 한다

니체는 힘에의 의지가 모든 생명의 근원이라고 주장했다. 다가올 시대에는 이를 어떻게 활용할 것인지가 중요하다.

니체는 저서 『선악의 저편』에서 '생명이 있는 것은 자신의 힘을 발산하고자 한다. 생명 그 자체는 힘에의 의지다'라고 썼다. 모든 생명체는 죽음을 피하려고 더 강해지려는 노력을 지속한다. 이는 생명체가 자신의 힘을 키우고, 더 자유롭고 강하게 나아가려는 방향으로 존재한다는 것을 의미한다. 이처럼 생명의 본질은 힘에의 의지이며, 니체는 이를 억누르는 르상티망과 노예 도덕을 강하게 비판했다.

생명의 본질은 '힘에의 의지'이다

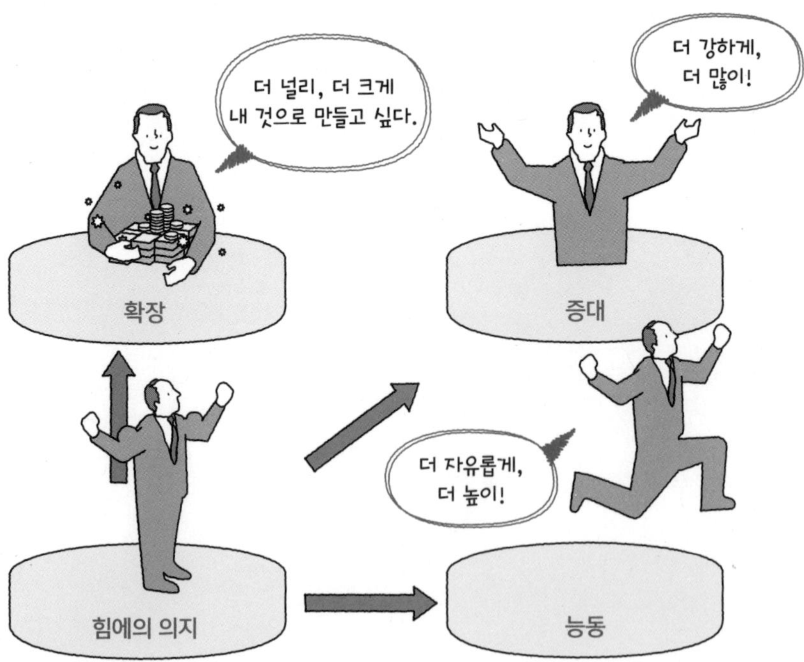

특히 니힐리즘의 시대에는 힘에의 의지가 더욱 중요해진다. 절대적 가치관이 사라진 세상에서, 힘에의 의지를 제대로 발휘하지 못하면 삶을 무의미하게 느끼고, 쉽게 의욕을 잃을 위험이 있다. 반면, 힘에의 의지를 적극적으로 사용하면 삶의 의미에 구애받지 않고, 자신을 강화하는 기쁨을 만끽할 수 있다. 예를 들어, '드디어 해냈다!'라거나 '결과에 만족한다'처럼 경험에서 성취감을 느끼는 사람들은 힘에의 의지를 통해 일상에서 다채로운 활력과 생명력을 얻는다. 니체는 이러한 방식으로 자신의 힘을 발휘하며 삶을 긍정하는 자세를 강조했다.

'힘에의 의지'는 목표를 필요로 하지 않는다

06 목적 없이 사는 사람들의 시대가 도래한다

니체는 니힐리즘의 세계에서 사람들이 의욕을 잃고 타락할 것이라고 예견했다.

니체는 니힐리즘의 시대에도 생명력과 창조력, 즉 힘에의 의지를 잃지 않기를 바랐다. 그러나 물질문명이 팽배해 감에 따라 활력을 잃고 타락한 '최후의 인간'이 등장하게 된다. 니체는 『차라투스트라는 이렇게 말했다』에서 '사람이 더 이상 별을 탄생시킬 수 없을 때가 온다'고 말하며 이상을 추구하는 능력을 상실하고 타락한 인간, 즉 최후의 인간이 지배하는 시대가 온다고 경고했다. 최후의 인간은 전형적으로 다음과 같은 특징이 있다.

아무 생각 없는 최후의 인간

'살기 어려운 곳을 혐오하며 온난한 기후와 편안한 이웃을 선호한다', '병에 걸리는 것과 의심하는 것을 죄악시하며 갈등을 피하려 조심스럽게 살아간다', '소소한 쾌락과 소량의 알코올, 니코틴을 즐긴다', '일을 단순한 오락으로 여기며 일로 인해 건강을 해치지 않도록 주의한다', '더 이상의 궁핍이나 풍요를 원하지 않고 불편한 일은 피하며 지배하거나 복종하려 하지 않는다', '가끔 싸우더라도 곧 화해하며 모두가 평등하기를 원하고 실제로 평등하다' 이 모든 특성은 현대인의 모습과도 맞닿아 있다. 니체는 이러한 '최후의 인간'이 출현하는 현상을 필연적이라고 보았다. 기존에 신봉하던 허구적인 가치가 무너졌을 때, 목표를 상실하는 것은 자연스러운 결과이기 때문이다. 핵심은 이러한 세상에서 최후의 인간을 넘어서는 생명력과 활력을 유지할 수 있는가이다. 니체는 '최후의 인간'으로 전락하는 것을 경계하고, 그 너머의 존재로 나아가기를 바랐다.

최후의 인간이 되는 것이 당연한 걸까?

네! 최선을
다해서….
사회와 가족을 위해
일하면 행복할 수 있어.
허구적 가치관
종신 고용의 붕괴?
이혼률 상승?
무엇을 믿고
목표로 삼아야
할까?
가치관의 붕괴
의욕이 없어도 일은
해야지. 괜히 비난받고
싶지 않으니까.
수동적 니힐리즘
회사가 싫어도
다녀야지 어쩌겠어.
최후의 인간

니힐리즘을 철저히 경험한 후, 그 너머에는 무엇이 있을까?

니힐리즘을 피할 수 없다면, 그것을 극복하는 것이 인류의 필연적 과제이다.

니체는 근대화가 진행될수록 니힐리즘이 심화할 것이라고 보았다. 그는 절대적 가치관이 점차 부정되고, 궁극적으로 모든 것이 무의미해질 것이라고 예언했다. 신앙은 무신론에 의해, 정신적이고 비과학적인 신념은 기계론적 세계관에 의해 부정된다. 이성주의는 낭만주의에 의해, 절대주의는 상대주의에 의해 부정된다. 이러한 상황 속에서 모든 믿음이 무너진 사회를 상상해 보라.

니힐리즘에는 두 가지 종류가 있다

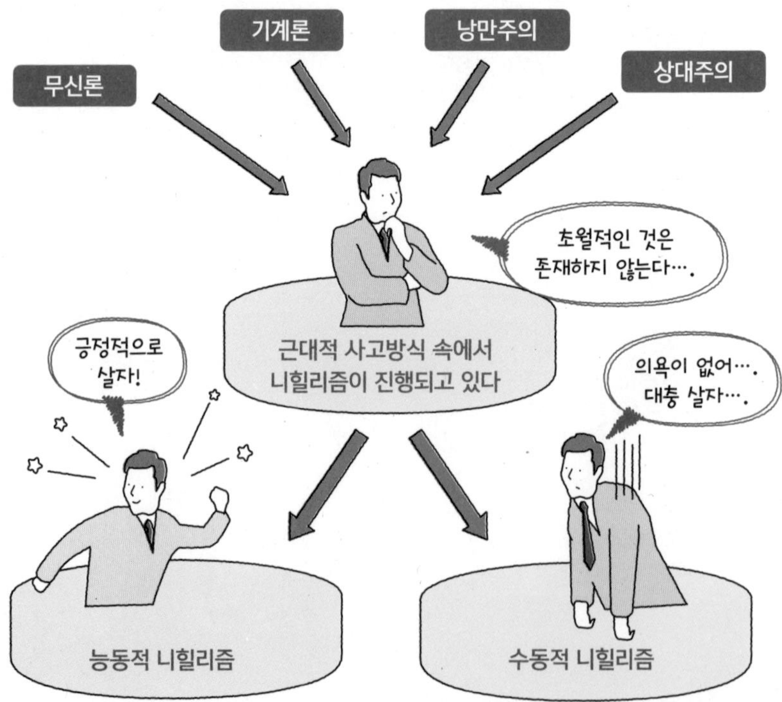

'노력은 보상받는다'거나 '인류는 진보한다'는 믿음이 사라지면, 인간은 불안과 혼란에 빠질 것이다. 이것이 니체가 말한 수동적 니힐리즘이다. 이는 의욕을 잃고 무기력하게 살아가는 상태를 의미한다. 반면, 이러한 허무주의를 직시하면서도 삶을 긍정하고 활력을 유지하는 상태를 능동적 니힐리즘이라 한다. 능동적 니힐리스트가 되기 위해서는 '어떤 것에도 절대적 가치는 없다'는 깨달음을 바탕으로, 힘에의 의지를 통해 스스로 새로운 가치를 창조해야 한다. 니체는 니힐리즘이 심화하여 그 누구도 외면할 수 없는 상태에 이를 것이니, 이를 직시하고 수동적 니힐리즘을 넘어서 능동적 니힐리스트로 거듭나야 한다고 당부했다.

니힐리즘은 극복해야 할 벽인가?

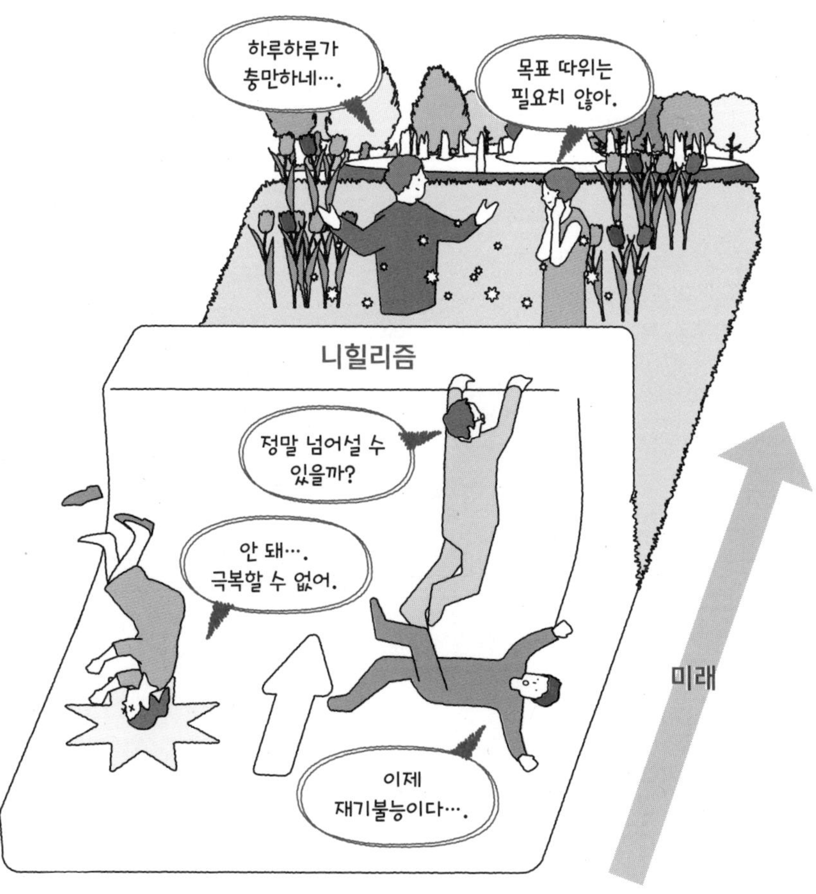

08 위버멘쉬는 인간이 나아가야 할 궁극적 목표이다

미래를 내다본 니체는 절대적인 가치관을 추구하기보다는 위버멘쉬가 되어야 한다고 주장했다.

니힐리즘이 팽배한 세계 속에서도 삶의 의미를 찾으며 능동적 태세를 취하는 사람은 누구일까? 니체는 이들을 기존 인간의 한계를 뛰어넘는 존재, 즉 '위버멘쉬'라고 불렀다. 위버멘쉬는 절대적 가치를 상실한 시대 속에서도 에너지와 생명력으로 충만하며, 어떠한 고난 속에서도 르상티망에 빠지지 않고, 스스로를 끊임없이 고양하는 존재이다. 니체는 '인류 최고의 자각, 즉 위버멘쉬가 되는 순간을 준비하는 것'을 사명으로 삼았다. 그는 자신이 위버멘쉬가 아님을 인정했으며, 니힐리즘이 심화한 미래를 대비하기 위해 위버멘쉬 개념을 세상에 전파함으로써 그 탄생을 준비하려 했다.

자유로운 위버멘쉬를 지향한다

니체는 『차라투스트라는 이렇게 말했다』에서 "위버멘쉬가 대지의 뜻이다."라고 선언하며, 위버멘쉬의 중요성을 강조했다. 위버멘쉬는 인간이 나아가야 할 궁극적 목표이며, 그 반대편에 서 있는 존재가 '최후의 인간'이다. 니체는 "내가 이야기하는 것은 다음 두 세기의 역사이다."라고 예언하며, 니힐리즘이 궁극에 이르는 시점(니체의 예언에 따르면 지금으로부터 약 100년 후), 즉 세계가 최후의 인간들로 가득 찰 때, 위버멘쉬가 등장할 것이라고 보았다. 니힐리즘을 극복하고 새로운 가치를 창조하는 위버멘쉬만이 인류의 진정한 미래를 열 수 있다는 것이 니체의 비전이었다.

니체는 인류를 위해 목표를 세웠다

09

인류는 짐승에서 위버멘쉬로 진화한다

니체는 인간이 위버멘쉬로 진화하는 과정에 있다고 믿었다. 그는 인간이 고난을 극복하고 니힐리즘을 넘어 위버멘쉬에 도달할 것을 기대했다.

니체의 대표작 『차라투스트라는 이렇게 말했다』는 10년간의 수행을 마친 차라투스트라가 산에서 내려와 깨우침을 전하는 이야기로 시작된다. 처음 도착한 도시 광장에서 차라투스트라는 광대의 공연을 기다리는 군중을 향해 이렇게 외친다. "인간은 극복되어야 할 존재이다. 너희는 인간을 극복하기 위해 무엇을 했는가?", "인간은 짐승과 위버멘쉬 사이를 잇는 밧줄, 심연 위에 걸쳐 있는 하나의 밧줄이다. 저편으로 건너가는 것도 위험하고, 중간에 머무는 것도 위험하며, 뒤돌아보는 것도 위험하다. 겁에 질려 멈추어 서는 것 또한 위험하다." 이 구절은 인간이 현재에 머무는 것이 아니라, 자신을 초월해서 나아가야 한다는 니체의 사상을 잘 반영한다.

인류는 원숭이에서 위버멘쉬로 진화한다

최후의 인간
아무것도 생각하지 않는
대중은 경멸해야 할 존재이다.
원숭이
원숭이와 공통의 조상으로부터
인류는 진화했다.

다윈의 진화론에 따르면, 인류는 원숭이와 공통의 조상을 가진다. 차라투스트라는 인간이 벌레에서 원숭이를 거쳐 오늘날의 인간으로 오랜 진화 과정을 거친 것처럼, 생물학적 진화뿐만 아니라 정신적·도덕적 진화를 통해 그 이상의 존재로 나아가야 한다고 주장했다. 최후의 인간처럼 타락한 상태나 오래된 가치관에 사로잡힌 우월한 인간을 넘어 위버멘쉬로 도약하는 것이다. 광장에서 줄을 타던 광대는 악마에게 발목을 잡혀 추락사하고 만다. 이 장면은 위버멘쉬로 향하는 여정이 얼마나 험난한지를 상징한다. 니체는 그럼에도 인간이 자신의 한계를 극복하고, 더 높은 차원의 존재로 도약할 가능성을 보여주며, 이를 인류의 궁극적 목표로 제시했다.

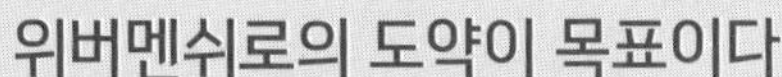

위버멘쉬로의 도약이 목표이다

위버멘쉬
미래에 탄생하는
혁신적인 존재이다.

우월한 인간
오래된 가치관을 버리지
못하는 존재이다.

인간은 짐승과 위버멘쉬
사이를 잇는 밧줄이다.

차라투스트라

나약한 사고방식으로의 회귀를 경계한다

위버멘쉬에 이르는 길은 멀고 험난하다. 그 과정에서 자신을 파괴하는 나약한 사고방식을 피하는 것이 중요하다.

줄에서 추락한 광대는 차라투스트라에게 이렇게 말한다. "나는 오래전부터 그 악마가 나를 넘어뜨릴 줄 알았지. 이제 저 악마가 나를 지옥으로 끌고 가고 있구나. 그대가 막아주지 않겠는가?" 이에 차라투스트라는 단호하게 답한다. "벗이여, 나의 명예를 걸고 말하건대, 네가 말하는 것들은 존재하지 않는다. 악마도 없고 지옥도 없다." 이 대화는 위버멘쉬에 이르기까지 인간이 직면하는 고난과 허구적 가치관에 의지하는 나약함을 상징적으로 보여준다. 니힐리즘으로 향하는 시대 속에서도 인간은 여전히 '천국', '진리', '도덕'과 같은 기존 개념에 집착하려 한다. '나아가는 것도, 멈추는 것도, 되돌아가는 것도 위험하다'는 차라투스트라의 경고처럼, 과거의 가치관으로 돌아가려는 시도는 위험하다.

인간은 오래된 가치관으로 회귀하는 경향이 있다

이는 나약한 사고방식으로의 회귀를 초래하여 발전을 가로막고, 위버멘쉬로 향하는 길을 차단할 수 있다. 위버멘쉬에 대한 해석은 다양할 수 있다. 다만 프레임에 갇히지 않고 자신의 성장을 위해 이 개념을 활용하는 것이 중요하다. 다른 누군가에게서 답을 찾기보다, 스스로 어떻게 하면 위버멘쉬에 가까워질 수 있을지를 깊이 고민하고 행동해야 한다. 위버멘쉬는 외부에서 찾을 수 있는 존재가 아니라, 자신의 힘과 의지로 만들어가는 존재이기 때문이다. 우리는 각자의 가능성을 발견하고, 그것을 통해 위버멘쉬로 나아가는 여정을 계속해야 한다.

자신의 힘과 의지로 나아가야 한다

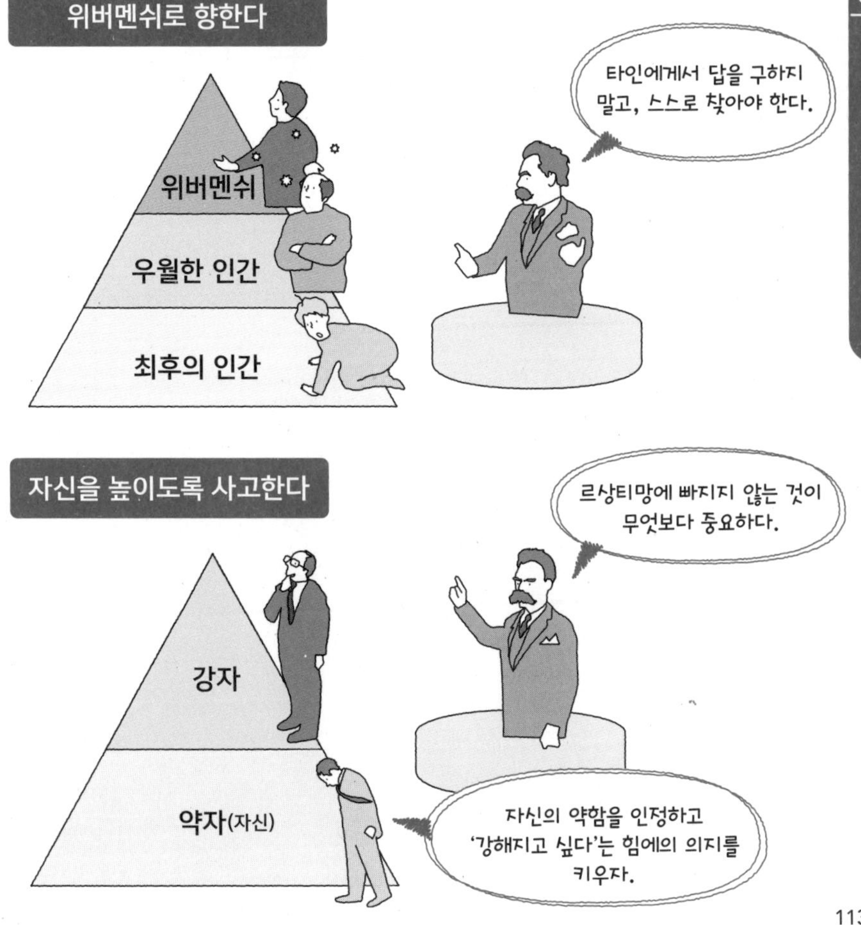

column

니체의 말 ⑦

창조하는 자는
인간이 추구해야 할
목표를 제시할 뿐만 아니라,
이 대지에 의미를 부여하고
미래를 약속하는 자이다.

『차라투스트라는 이렇게 말했다』

현대인 중에 확고하고 분명한 인생 목표를 가지고 있다고 자신 있게 말할 수 있는 사람이 몇이나 될까? 우리는 흔히 '가족을 지키기 위해', '사회에 공헌하기 위해', '회사를 성장시키기 위해' 산다고 말한다. 목표가 없는 것보다 있는 편이 일상에 활력을 불어넣는다는 점에는 이견이 없을 것이다. 그런데 도대체 니체가 말한 '창조하는 자가 제시하는 목표'는 무엇일까?

다양한 해석이 가능하겠지만, 그중 하나는 허구적 가치관에 얽매이지 않고, 자기 스스로 세우는 진정한 목표일 것이다. 니체에 따르면, 인간은 자신보다 공동체의 이익을 우선하는 경향이 있다. 살기 위해 빵을 훔친 사람도 결국 공동체의 법에 따라 처벌받는다. 이는 공동체의 안정이 개인의 안정으로 이어지기 때문이며, 오랜 시간에 걸쳐 정교하게 짜인 사회적 구조이다. 그러나 이 구조 안에서 개인의 목표는 점차 흐려지고, 공동체의 목표가 개인의 내면에 뿌리내리게 된다. '내가 성공하고 싶다'는 목표는 사라지고, 대신 '사회를 풍요롭게 하고 싶다', '타인을 행복하게 하고 싶다'는 이타적인 목표로 바뀐다. 물론 이타적인 목표가 잘못된 것은 아니다. 그러나 니체의 관점에서 볼 때 진정한 창조는 오로지 자기 자신을 위해 목표를 세우고, 자신의 힘으로 세상에 의미를 부여하는 데서 출발한다. 자신 외의 어떤 것에도 얽매이지 않고 힘에의 의지와 능력으로 새로운 가치를 창조하는 존재, 바로 위버멘쉬가 대지에 새로운 의미를 부여하고 미래를 여는 자이다. 니체는 이런 창조적 인간이야말로 세상을 흥미롭고 다채롭게 변화시킬 수 있다고 믿었다.

column

니체의 말 ⑧

나 너희에게
위버멘쉬를 가르치노라.
인간은 극복되어야 할 그 무엇이다.
너희는 인간을 극복하기 위해
무엇을 했는가?

『차라투스트라는 이렇게 말했다』

니체의 대표작인 『차라투스트라는 이렇게 말했다』는 '차라투스트라'라는 인물을 통해 그의 철학을 서술한 이야기 형식을 띠고 있다. 차라투스트라는 30세에 산속으로 들어가 고독 속에서 지혜를 연마한다. 10년 후, 그는 깨달음을 전파하기 위해 세상으로 내려와 '신은 죽었다', '위버멘쉬' 등의 개념을 설파하지만, 현실에 안주한 민중들은 그의 메시지에 귀 기울이지 않는다. 이상이 제1부

전반의 이야기이다. 차라투스트라는 '인간은 극복되어야 할 존재'라고 강조했지만, 민중은 "왜 극복해야 하는가?"라며 의문을 제기한다. 현재에 만족하는 사람들로서는 당연한 의문이다. 민중의 공감을 얻지 못한 차라투스트라는 자신의 사상을 이해할 동료를 찾기 시작한다. 차라투스트라가 그토록 강조한 '극복되어야 할 그것'은 도대체 무엇일까?

차라투스트라와 민중의 차이는 10년이라는 고독의 시간이 만들어 낸 것이다. 민중은 문화 속에서 서로 어울려 살아갔지만, 차라투스트라는 숲에서 홀로 지냈고, 그 시간을 즐겼다. 이 10년의 세월 동안 그는 허구적 가치관에 사로잡혀 있었음을 깨닫고, 절대적 가치관의 상실을 극복해야 한다는 결론에 도달했을 것이다. 흥미롭게도 차라투스트라는 위버멘쉬에 도달하지 못했다. 추측해 보건대, 위버멘쉬의 출현은 우리에게 남겨진 과제가 아닐까?

위버멘쉬는 단순히 육체적 혹은 지적 능력이 뛰어난 인간을 의미하는 것이 아니다. 기존의 허구적 가치관을 극복하고, 자기 자신을 창조하는 힘을 지닌 자, 삶의 고통과 무의미 속에서 새로운 가치를 창조하며 살아가는 존재이다. 니체는 인간이 위버멘쉬로 나아가야 한다고 주장하면서, 현재에 안주하지 않고 끊임없이 자신을 초월하려는 인간형을 상정했다.

05 Chapter

Nietzsche's Philosophy

어떻게 하면 긍정적으로 살 수 있을까?

자신의 운명을 사랑하라!
뱀의 대가리를
물어뜯어 버려라!!

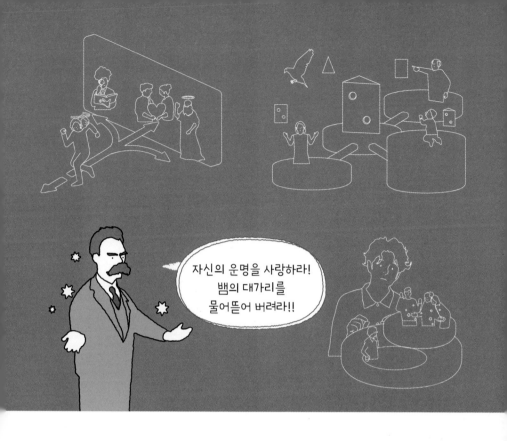

어떻게 하면 위버멘쉬처럼 생명력 넘치는 삶을 살 수 있을까? 이 장에서는 니체가 남긴 말과 저서를 바탕으로 니힐리즘의 어두운 그림자를 넘어 활기차게 살 수 있는 방법을 탐구한다. 자신의 진정한 가치를 깨닫고 삶의 질을 높이는 지혜의 실마리를 찾아보자.

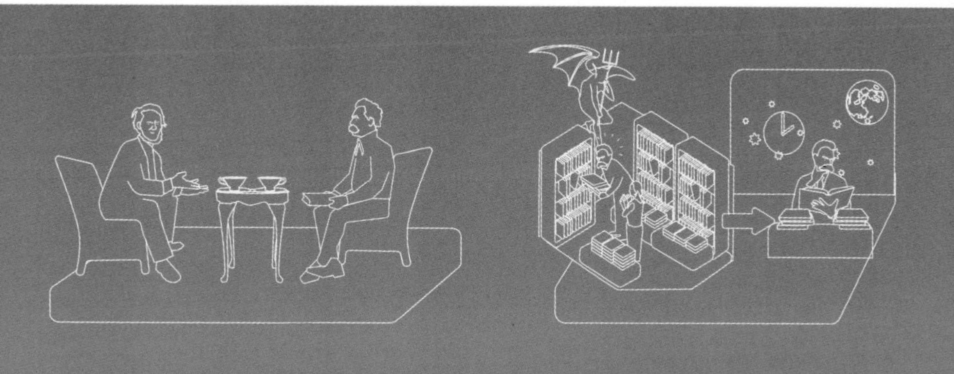

몇 번이고 반복되는 세계를 상상한다

니체가 주창한 영원회귀 사상은 니힐리즘을 극복하는 단서로 작용한다.

『차라투스트라는 이렇게 말했다』의 제3부에서 차라투스트라는 이렇게 말한다. "만물 중에서 달릴 줄 아는 것이라면 이미 한 번 이 골목길을 달려 본 적이 있지 않겠는가? 만물 중에서 일어날 수 있는 일이라면 이미 일어났고, 행해졌고, 지나가지 않았겠는가?" 이 말은 영원회귀, 즉 우리의 삶과 경험이 무한히 반복된다는 가설을 의미한다. 책을 읽고 있는 지금 이 순간이 단 한 번뿐인 경험으로 느껴질지 몰라도, 니체에 따르면, 동일한 방식으로 이 책을 읽은 경험은 이미 과거에도 있었으며 앞으로도 무한히 반복될 것이다.

차라투스트라의 질문

영원회귀를 주사위 던지기에 비유하자면, 주사위를 무수히 많이 던질 경우 언젠가 동일한 숫자 조합이 나올 가능성이 있듯이 우리의 삶도 어느 순간 동일한 모습으로 반복될 수 있다는 것이다. 그러나 여기서 의문이 생긴다. 우주나 인간의 삶이 정말 주사위처럼 무작위로 반복될 수 있을까? 주사위는 동일한 조합의 숫자가 나올 확률이 있지만, 현실의 삶이 동일하게 무한 반복될 가능성은 희박하다. 그렇다면 영원회귀는 단지 철학적 상징에 불과한 것인가, 아니면 진지하게 고려할 만한 가능성인가? 니체는 이 개념을 물리학에서 착안했으나, 영원회귀의 본질은 과학적 타당성보다는 니힐리즘의 대안에 있다. 똑같은 삶이 영원히 반복된다면, 우리는 이를 긍정적으로 수용할 수 있을까, 아니면 거부하고 싶어질까? 영원회귀는 우리가 삶을 긍정적으로 바라볼 수 있는지, 그렇지 않은지를 스스로 깨닫도록 유도하는 가설이다.

사실 여부보다 깨달음이 중요하다

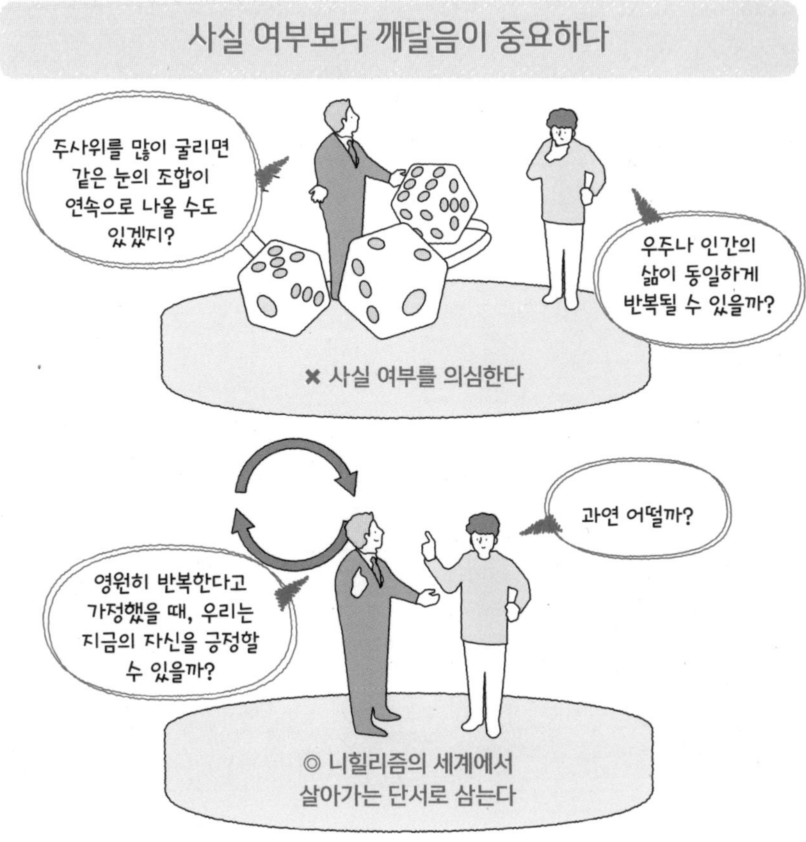

주사위를 많이 굴리면 같은 눈의 조합이 연속으로 나올 수도 있겠지?
우주나 인간의 삶이 동일하게 반복될 수 있을까?
✖ 사실 여부를 의심한다
과연 어떨까?
영원히 반복한다고 가정했을 때, 우리는 지금의 자신을 긍정할 수 있을까?
◎ 니힐리즘의 세계에서 살아가는 단서로 삼는다

02 영원회귀 속에서는 모든 가치관이 부정된다

니체의 영원회귀는 니힐리즘의 극한 상태를 마주하게 하며, 그 속에서 힘에의 의지가 얼마나 중요한지 깨닫게 한다.

영원회귀가 니힐리즘을 극복할 수 있는지 판단하는 기준이 되는 이유는 '니힐리즘의 극한 상태'를 전제하기 때문이다. 삶이 무한히 반복된다는 가정은 모든 가치가 무의미해지는 상태를 의미한다. 많은 사람이 죽음을 인생의 끝으로 여기며, 사는 동안은 조금 힘들어도 참자고 생각한다. 하지만 영원회귀의 세계에서는 죽음조차도 무의미하다. 지금의 고통은 절대 끝나지 않고, 무한 반복되기 때문이다. 이로 인해 '결국 죽으면 끝'이라는 위안마저도 사라진다.

영원회귀는 가치관을 부정한다

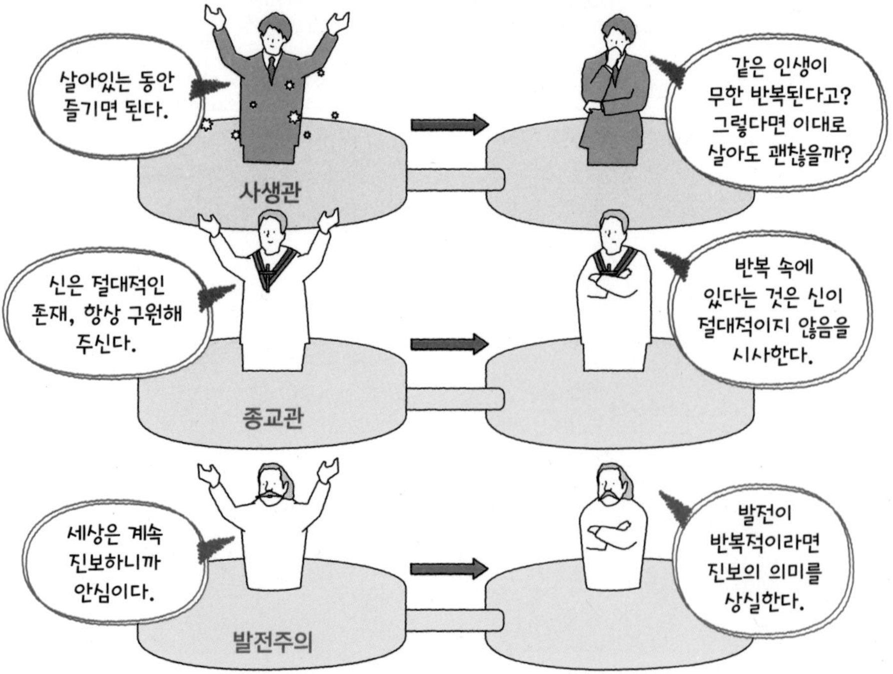

절대적 존재를 믿는 종교인들에게도 영원회귀는 혼란스러울 수밖에 없다. 신조차도 반복하는 시간의 일부가 되어 탄생과 소멸을 되풀이하는 존재로 전락할 수 있다. 그 절대성은 무한한 반복 속에서 붕괴한다. 인류가 끊임없이 발전한다는 낙관적 발전주의도 무의미하다. 무한 반복하는 발전은 궁극적으로 정체나 다름없기 때문이다. 미래라는 개념 역시 영원히 도달할 수 없는 환상이 될 것이다. 영원회귀 속에서는 모든 가치관이 부정되며, 오직 힘에의 의지가 충만한 자만이 이 반복을 긍정할 수 있다. 그들은 "몇 번이고 반복하고 싶다!"며 삶을 긍정하고, 영원회귀를 기꺼이 받아들인다. 이러한 긍정의 태도야말로 니힐리즘을 넘어서는 힘이자 니체가 요구하는 자세이다.

영원회귀는 니힐리즘의 극치이다

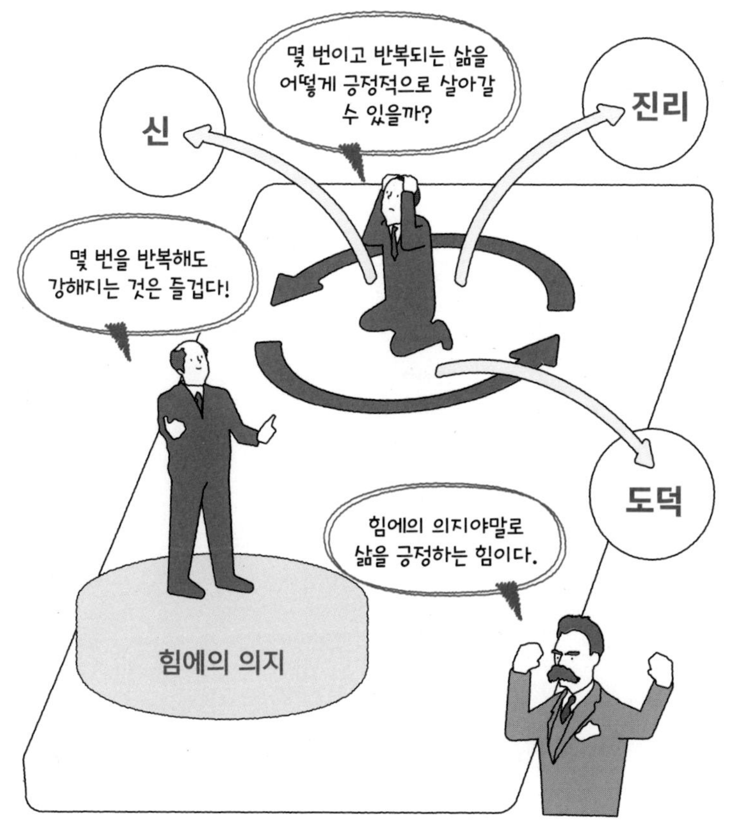

03 수동적 니힐리즘을 극복한다

니체는 니힐리즘의 고통을 뱀이 목구멍을 물고 있는 것과 같은 질식감으로 묘사했다.

니힐리즘을 극복한다는 것은 무엇을 의미할까? 니체는 『차라투스트라는 이렇게 말했다』에서 이를 상징적으로 표현한다. 차라투스트라는 어느 날, 뱀이 잠든 양치기의 목구멍 속으로 기어들어가 꽉 물고 있는 장면을 목격한다. 고통스럽게 몸을 비틀며 숨을 헐떡이는 양치기를 구하기 위해 차라투스트라가 뱀을 힘껏 잡아당겼지만, 소용이 없었다. 결국 차라투스트라는 양치기를 향해 외친다. "대가리를 물어뜯어라! 물어라!" 그 말을 들은 양치기는 단숨에 뱀의 머리를 물어뜯었고 멀리 뱉어내었다. 그리고 벌떡 일어나 환하게 웃는다.

니힐리즘을 수용하고 극복한다

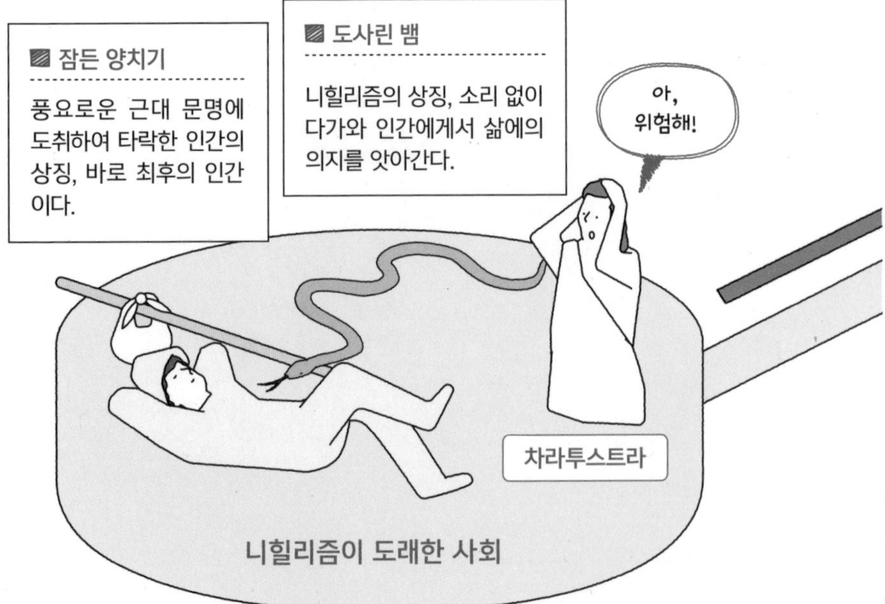

잠든 양치기
풍요로운 근대 문명에 도취하여 타락한 인간의 상징, 바로 최후의 인간이다.
도사린 뱀
니힐리즘의 상징, 소리 없이 다가와 인간에게서 삶에의 의지를 앗아간다.
아, 위험해!
차라투스트라
니힐리즘이 도래한 사회

니체는 이 장면을 두고 '이 땅에 그처럼 크게 웃은 자는 없었으리라.'라고 묘사한다. 이 우화는 수동적 니힐리즘과의 결별을 상징한다. 뱀을 물어뜯은 양치기는 더 이상 고통 속에서 무기력하게 사는 자가 아니다. 그는 자신의 고통을 완전히 수용하고 니힐리즘의 굴레를 물리친 뒤 '위버멘쉬'로 변모한다. 니체에게 있어 이 변신은 단순한 탈출이 아니라, 능동적으로 고통을 초월한 인간의 상징이다. 수동적인 절망을 극복하고 능동적으로 자신의 삶을 긍정하는 인간만이 진정으로 니힐리즘을 넘어설 수 있음을 니체는 강조한다.

목구멍에 걸린 뱀
니힐리즘에 휩싸여 괴로움 속에서 삶의 의욕을 잃어가는 양치기. 현실을 외면한 결과이다.
붙잡고 놓지 않는 뱀
니힐리즘에 빠지면 원래의 가치관으로 돌아갈 수 없다.
대가리를 물어뜯어 버려라! 물어뜯어라!
괴로워….
뱀을 잡아당기는 차라투스트라
필사적으로 니힐리즘에서 양치기를 구하려고 한다.
니힐리즘의 극한 상태
오! 놀랍도다!
뱉어낸 뱀
극복된 니힐리즘은 더 이상 위협이 되지 않는다.
뱀을 물어뜯고, 위버멘쉬가 된 양치기
수동적 니힐리즘을 끊고, 긍정적으로 살 수 있는 힘을 얻었다.
니힐리즘 극복

04 지금의 자신을 온전히 긍정한다

니힐리즘의 시대에서 자신의 고통스러운 삶을 받아들이는 것이야말로 자기 긍정의 시작이다.

니체의 영원회귀 사상은 삶이 좋은 일과 나쁜 일을 모두 포함해 무한히 반복된다는 가설이다. 이는 인생이 선택으로 만들어지는 것이 아니라, 선택조차 이미 예정되어 있다는 결정론적 세계관을 내포한다. 설령 비극적인 사건이 그대로 반복되어도 피할 수 없으며 운명을 받아들여야 한다는 뜻이다. 이런 삶을 다시 반복하고 싶다고 말할 수 있을까? 세속적인 기준으로는 고난으로 가득 찬 삶이 두려워서 거부하고 싶을 것이다. 하지만 니체는 운명애Amor Fati, 즉 자신의 운명을 사랑하는 태도를 권장했다.

자신의 운명을 받아들일 수 있는가?

필연적인 것을 단순히 감당하기만 하는 것이 아니고, 은폐는 더더욱 하지 않으며 오히려 그것을 사랑하는 것이다.
탄생
좋은 것
나쁜 것
나쁜 것
좋은 것
현재
이것으로 충분하다! 몇 번이고 반복하고 싶다!
Yes
No
이런 삶은 더 이상 싫어.
운명애
좋은 것도 나쁜 것도 몇 번이고 반복된다면, 모두 긍정할 수 있는가?
수동적 니힐리즘

『이 사람을 보라』에서 니체는 '인간의 위대함은 운명애에 있다. 앞으로도, 뒤로도, 영원토록 다른 삶을 바라지 않는 것이다'라고 말했다. 인간은 고통을 마주하면 종종 르상티망과 노예 도덕에 빠져 남을 탓하거나, 스스로를 희생자로 여긴다. 그러나 니체는 고통을 기꺼이 받아들이고, 그것을 통해 스스로를 단련하며 강해지는 것이야말로 진정한 자기 긍정의 길이라고 강조한다. 고통을 거부하지 않고, 오히려 그 안에서 자신의 운명을 기꺼이 수용함으로써 우리는 니힐리즘을 넘어서게 된다.

인정하고 받아들이는 것이 중요하다

진실이 없다면, 원하는 해석을 선택한다

자신의 삶을 긍정하지 못하는 이유는 어쩌면 스스로 부정적인 해석을 고수하고 있기 때문일지도 모른다.

고난으로 가득 찬 삶을 어떻게 '몇 번이고 반복하고 싶다'고 긍정할 수 있을까? 니체의 관점주의적 사고에 따르면, 우리는 각자의 시각으로 세상을 인식하기 때문에 고정된 진실이나 정답은 없다. 비극적 사건들(실연, 회사 파산, 소중한 사람과의 이별 같은 일들)은 부정적으로 해석되어 반복하고 싶지 않은 경험으로 치부된다. 부정적 해석의 배후에는 대부분 허구적 가정이 있다. 이를테면, '그 사람은 나의 운명이었다'는 생각은 특정 인연이 필연적이라는 믿음에 바탕을 두고 있고, '내 인생은 초라하기 짝이 없고 불행하다'는 스스로 만든 부정적 고정관념이다.

해석은 언제든지 자신에게 달려있다

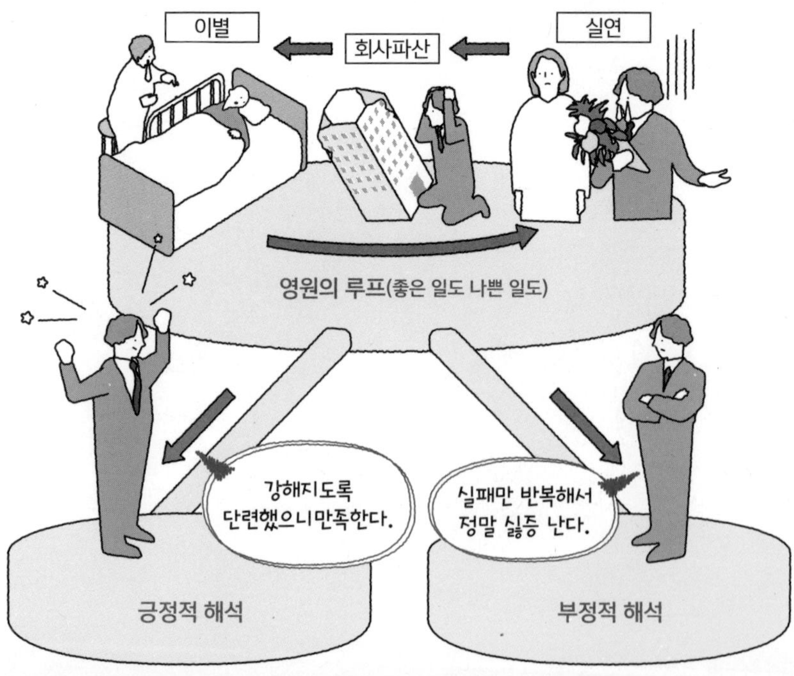

하지만 우리는 '운명적인 사람은 없다'라거나 '지금은 약하지만 강해질 수 있다'는 해석을 선택할 수도 있다. 어떤 선택을 하더라도 과거는 변하지 않는다는 점을 인정하면, 이미 일어난 일의 결과를 받아들이는 것이 훨씬 쉬워진다. 니체는 고정된 진실은 없으니 차라리 고난을 긍정적으로 해석하고 자신의 삶을 긍정하는 편이 더 낫지 않겠냐고 권한다. 비극을 스스로 강해지는 과정의 일부로 받아들이면, 영원회귀의 반복을 긍정하는 데 한 발 더 다가갈 수 있다. 진실로 고정된 해석이란 존재하지 않음을 수용하고 스스로 긍정적인 해석을 선택한다면 니힐리즘을 넘어서는 길이 열릴 것이다.

절대적인 것은 없기 때문에 긍정적으로 될 수 있다

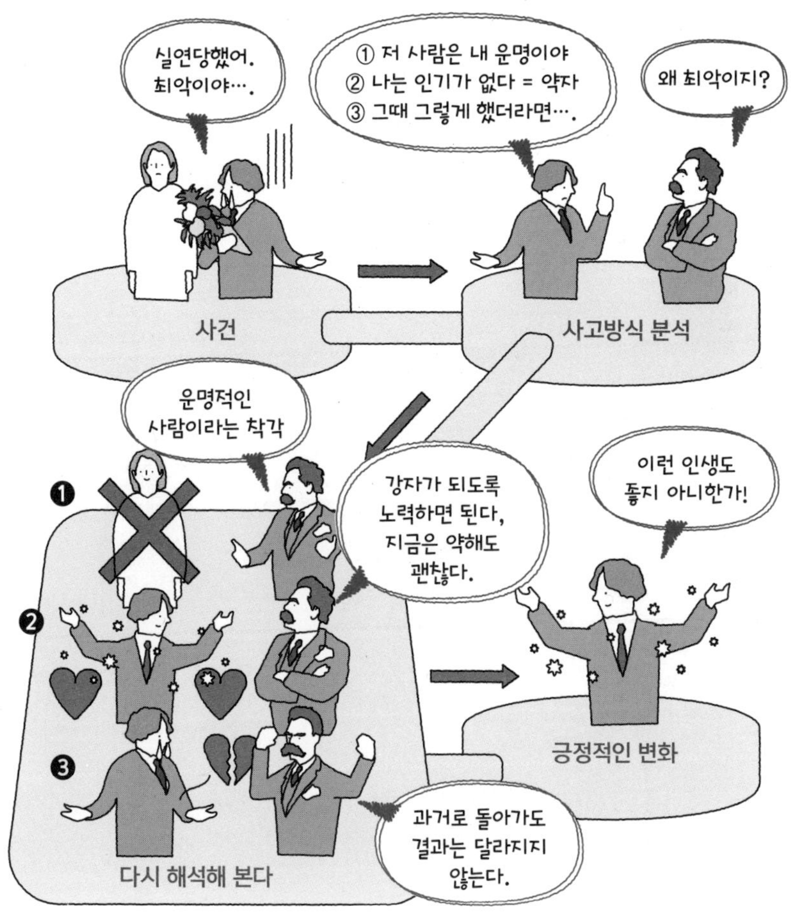

06 어린아이처럼 순수하게 산다

니체는 전통과 권위 등의 허구적 가치관에 복종하는 삶을 거부하고 진정으로 자유로운 정신에 이르는 길을 설파했다.

니체가 『차라투스트라는 이렇게 말했다』에서 제시한 위버멘쉬로의 여정은 세 가지 상징적 단계를 따른다. 첫 번째 단계는 '낙타'이다. 무거운 짐을 지고 묵묵히 사막을 건너는 낙타는 허구적 가치관과 관습에 순종하며 인내하는 인간을 상징한다. 두 번째 단계는 '사자'이다. 자유를 얻기 위해 변화하며 기존의 권위와 전통에 맞서 싸우는 사자가 대적하는 '용'은 전통, 권위와 같은 허구적 가치관을 상징한다. 사자는 강력한 의지와 힘을 발휘하여 용을 물리치고 자유를 쟁취한다. 마지막 세 번째 단계는 '아이'이다.

위버멘쉬에 이르는 3단계

아이는 순수함과 창조성을 대표하며, 쟁취한 자유 속에서 새로운 가치를 창조하고, 삶을 있는 그대로 긍정하며 즐긴다. 니체는 아이를 통해 모든 기존 가치로부터 자유로워진 순수한 창조 정신을 보여준다. 낙타에서 사자로, 그리고 사자에서 아이로의 변모는 단순한 변화가 아닌, 인류가 진정 위버멘쉬로 나아가기 위한 과정이다. 자신이 어느 단계에 있는지 성찰하며 서두르지 말고, 자유로운 정신을 추구하자. 이러한 변모를 통해 우리는 삶을 온전히 긍정하고 궁극적으로 위버멘쉬에 이를 수 있다.

전통·권위를 상징하는 용
종교, 상식, 철학적 전통(예: 플라톤주의)을 상징한다.
인간에게는 전통과 권위가 필요해.
VS
나의 길을 걷기 위해 싸우겠어!
제2단계 사자
인생은 즐겁고 신나!
제3단계 아이

본래의 '나다움'을 찾는다

니체는 더이상 인간이 허구적 가치관에 얽매이지 않게 되는 순간을 '위대한 정오'라고 불렀다.

니체의 대표작 『차라투스트라는 이렇게 말했다』는 "나의 아침이다. 나의 낮의 시작이다. 자, 솟아올라라, 솟아올라라, 그대 위대한 정오여!"라는 차라투스트라의 외침으로 끝을 맺는다. 여기서 '위대한 정오'는 해가 가장 높이 떠오른 순간을 말한다. 니체는 태양의 긴 그림자를 인간이 품고 있는 허구적 가치관에 비유했다. '신이 구원해 줄 것이다'와 같은 허구적 가치관은 태양이 떠오르면 그림자가 짧아지듯, 니힐리즘이 심화하면 점차 사라진다.

니체는 허구적 가치관을 그림자에 비유했다

태양이 가장 밝고 뜨거운 정오가 되면 그림자는 완전히 사라진다. 니체는 이를 '가장 길었던 오류의 끝'이라고 표현했으며, 이는 허구적 가치관이 완전히 소멸한 순간을 뜻한다. 허구에서 벗어난 인간은 더 이상 외부의 가상적 구원에 의존하지 않고, 힘에의 의지를 통해 스스로 삶을 긍정하고, 자기 본연의 모습대로 살아갈 수 있는 진정한 자유를 얻게 된다. 이때야말로 니체가 강조한 '나다운 삶'을 살 수 있는 조건이 갖추어진 때라 할 수 있다.

위대한 정오는 진정한 자아를 찾는 순간이다

08 미래에 대한 과도한 기대를 버린다

미래에 대한 기대가 클수록 우리는 현재의 가치를 잃는다. 니체의 영원회귀는 미래에 대한 집착을 돌아보게 만드는 강력한 개념이다.

영원회귀는 같은 인생이 무한히 반복된다는 사고를 통해 우리가 시간을 바라보는 방식을 근본적으로 바꾼다. 전통적 시간 개념은 탄생에서 시작해 죽음으로 끝나는 선형적 구조이다. 많은 사람이 미래의 안정과 보상을 기대하며 젊은 시절에는 공부하고, 중년에는 열심히 일하며 노후의 여유로운 삶을 꿈꾼다. 이러한 시간 개념은 미래에 '무언가 중요한 것'이 기다리고 있다는 믿음을 전제로 하며 현재를 희생하게 만든다.

개인의 시간 개념은 '현재'를 희생한다

가능성이 무한한 미래를 위해 공부한다

어린이는 다양한 가능성에 대한 기대감으로 배움과 훈련에 시간을 할애하며 현재의 소중함을 잊고 지나치기 쉽다.

안정된 노후를 위해 지금을 모아야 한다

현역 세대는 미래의 불확실성에 대비하여 저축과 절약을 강조한다. 현재의 생활을 인내하며, 즐거움을 희생한다.

남은 시간이 많지 않다… 추억을 많이 만들어야 한다

노인이 되면, 자신의 시대가 끝났다고 느끼며 활력을 잃고 무료하게 생활한다. 과거에 대한 회상으로 현재의 의미를 대체하는 경향이 있다.

하지만 니체의 영원회귀에 대입해 보면, 똑같은 인생이 반복될 텐데 '미래의 보상'을 맹신하며 현재를 희생하는 것은 더 이상 타당하지 않다. 현재의 고통이 무한 반복된다면 도저히 참을 수 없다는 생각이 들 것이다. 이는 종말을 믿고 보상을 기대하는 서양의 선형적 시간 개념과 본질적으로 다르다. 니체의 영원회귀는 '언젠가 보상받는다'는 환상을 버리고 오로지 현재의 삶을 소중히 여기도록 이끈다. 인생이 무한히 반복된다고 가정하면, 오직 현재의 삶만이 진정한 가치와 의미를 지닌다는 것을 깨닫게 된다.

서양의 시간 개념과 니체의 시간 개념

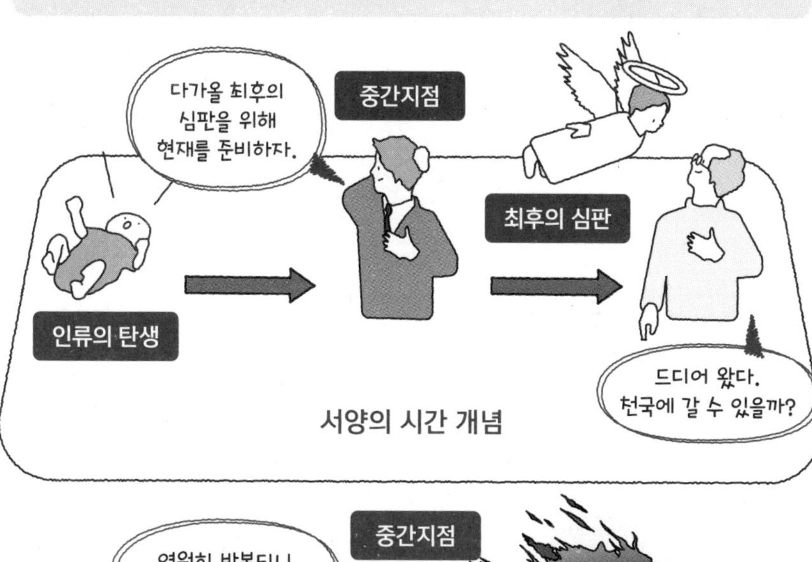

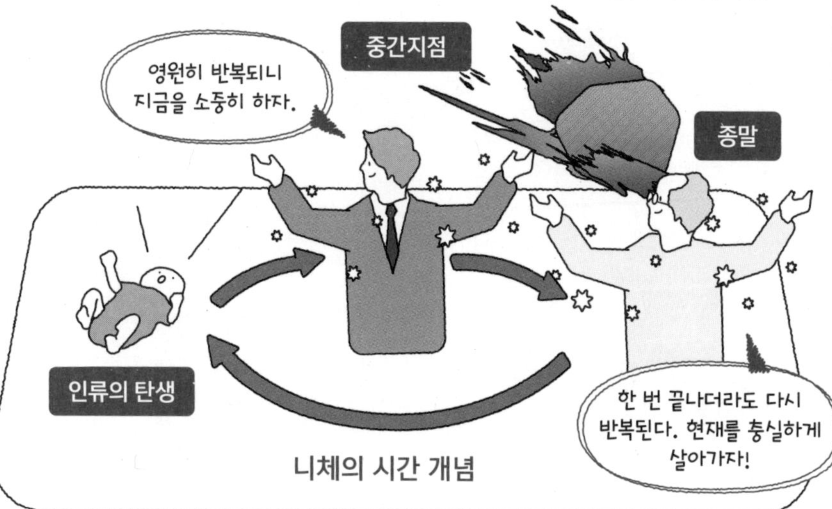

예술은 삶의 자극제이다

예술은 일반적인 가치관에 얽매이지 않고, 삶에 대한 의지를 키우는 중요한 방식이다.

니체는 극대화된 니힐리즘 속에서도 긍정적으로 살아가기 위해서는 힘에의 의지가 필요하다고 강조했다. 이는 '삶에의 맹목적 의지'가 고통의 원인이라고 보는 쇼펜하우어의 견해와는 대조적이다. 쇼펜하우어에게 예술은 고통을 잠깐 잊게 해주는 진정제였지만, 니체에게 예술은 삶을 강렬히 긍정하게 만드는 자극제였다. 그는 예술의 힘이야말로 삶을 긍정하고, 더 나아가 개인의 힘을 확장하는 데 필수적인 요소라고 생각했다. 힘에의 의지는 강해지고자 하는 본능적 욕구로 소유와 경쟁을 통해 힘을 키우는 형태로 표출된다.

예술은 힘에의 의지를 활용하는 방법의 하나이다

예술 역시 그러한 본능의 표현이다. 인간은 예술을 통해 자신의 감성과 내면의 아름다움을 자유롭게 드러내며 고정관념을 넘어 새로운 가치와 관점을 발견하게 된다. 이 과정에서 내면의 힘을 깨닫고 확장하여 궁극적으로 삶을 긍정하고 창조할 기회를 얻는다. 니체는 예술과 힘에의 의지가 이러한 측면에서 서로 닮았다고 보았다. 둘 다 외부의 일반적인 가치에 얽매이지 않고, 자기 내면에서 독자적인 가치 기준을 찾아가는 과정이기 때문이다.

힘에의 의지와 예술의 공통점

차이와 불평등을 인정한다

니체 철학은 다가오는 시대를 활기차게 살아가는 데 중요한 사고방식을 제시하지만, 오해될 위험이 있다.

니체의 사상은 강자와 약자를 구분하는 계급적 사상으로 오인될 수 있으며, '강자가 우월하다'는 논리로 악용될 위험이 있다. 실제로 나치는 니체의 철학을 왜곡하여 자신들의 이념을 정당화하려 했다. 그러나 니체는 단순히 강자의 논리를 옹호한 것이 아니다. 그는 강자와 약자의 존재를 있는 그대로 수용하고, 약자가 스스로를 받아들일 때 비로소 더 강해질 수 있다고 보았다. 이는 서열을 매기기 위함이 아니라, 각자가 자신의 위치에서 발전하기 위한 노력을 촉구하는 것이다.

니체의 사상에는 위험성도 있다

우리는 특권층이다.

유전적으로 우수하다.

노력하지 않으니까 뭘 해도 안 되는 거야.

할 수 있는 사람은 태생부터 다르다.

강한 인간

약한 인간

▨ 강자와 약자로 구분 지으면 약육강식으로 이어질 수 있다

강한 인간을 긍정하는 것은, 강자에 대한 과도한 찬양으로 이어질 수 있다.

▨ 약자를 부당하게 차별하는 풍조를 만들기 쉽다

약함에 과도하게 주목하면, 약자를 비난하고 학대하는 풍조를 낳을 수 있다.

니체의 저서 중 일부는 다소 차별적으로 해석될 수 있는 표현이 포함되어 있다. 그러나 니체 철학을 제대로 이해하려면 차이와 불평등을 어떻게 인식하고 극복할 것인지에 주목해야 한다. 니체의 주장에 따르면 전통적 가치관, 예를 들어 도덕이나 종교는 약자가 자신을 보호하기 위해 만들어 낸 허구적 산물일 수 있다. 따라서 차이와 불평등을 인정하고 강해지고자 하는 힘에의 의지를 발휘하는 것이야말로 삶을 대하는 진정한 방식이다. 이러한 태도는 다가올 시대에 더욱 요구될 것이다.

자신을 수용하는 것에서 긍정이 시작된다

column

니체의 말 ⑨

모든 것은 가고,
모든 것은 되돌아온다.
존재의 바퀴는 영원히 돌고 돈다.
모든 것은 죽고,
모든 것은 다시 소생한다.
존재의 해는 영원히 흐른다.

『차라투스트라는 이렇게 말했다』

니체의 영원회귀는 전통적인 윤회나 전생과는 본질적으로 다르다. 윤회적 사고는 다음 생에서 전혀 다른 존재로 태어날 수 있다고 믿지만, 니체의 영원회귀는 철저히 동일한 자기 자신이 반복된다는 점에서 차별화된다. 그리고 자신을 둘러싼 모든 사건과 환경 또한 변함없이 반복

어! 전에도 이 상황에서
넘어진 적이 있는 것 같은데?
이 감각은 단순한 데자뷔일까,
아니면 영원회귀의 증거일까?

된다. 운명뿐만 아니라, 자기 존재와 삶이 무한 반복되는 개념이다.

영원회귀는 니체가 던진 극단적인 사고 실험으로, 이를 깊이 탐구할수록 삶에 대한 새로운 시각을 마주하게 된다. 만약 이 개념이 실제로 적용된다면, 우리는 이미 겪었던 사건들을 끝없이 되풀이하며 살아갈 것이다. 현재의 고통, 성취, 기쁨, 슬픔이 이미 수없이 반복되었고, 앞으로도 무한 반복된다는 상상은 기이하고도 압도적이다.

니체는 이 개념을 통해 우리에게 궁극적인 질문을 던진다. "이 순간이 영원히 반복된다 해도 그 삶을 사랑할 수 있는가?" 이 질문은 단순한 철학적 탐구를 넘어, 삶의 모든 순간을 어떻게 받아들이고 살아갈 것인가에 대한 도전이다. 매일 겪는 일상의 소소한 사건들조차 무한히 반복된다고 상상한다면, 우리는 그 삶을 얼마나 진실하게 긍정할 수 있을까? 더 구체적으로 상상해 보면, 이미 수백만 번 같은 음식을 먹고, 같은 장소를 지났으며, 같은 감정을 느꼈다는 생각이 일상적인 감동을 무디게 만들 수 있다. 그러나 영원회귀의 깊이를 상상하는 것 자체는 자신의 삶을 진정 얼마나 긍정할 수 있는지 시험해 보는 계기가 된다.

column

니체의 말 ⑩

이미 행해진 일에
손을 쓸 수 없는 의지,
그것은 일체의 과거에게는
악의를 품고 있는
관망자다.

『차라투스트라는 이렇게 말했다』

과거에 일어난 일은 돌이킬 수 없다. 하지만 우리는 종종 이미 지나간 일에 화를 내고 후회하며 스스로를 괴롭힌다. 시간이 지나면 감정이 가라앉기도 하지만, 사건이 발생한 직후라면 냉정하게 받아들이기 힘들다. 극단적으로 말하자면, 1초 전의 일조차 이미 과거다. 그렇다면 과연 우리는 모든 과거를 온전히 긍정할 수 있을까?

니체는 『차라투스트라는 이렇게 말했다』에서 다음과

그렇다면 왜 과거는
내 뜻대로 되지
않았을까?

같이 말한다. "지난날을 구제하고 모든 '그랬었다'를 '내가 그렇게 되기를 원했다'로 전환하는 것, 내게는 비로소 그것이 구제다." 즉, 과거의 모든 사건을 '내가 그것을 원했기 때문에 그렇게 된 것'이라고 받아들일 수 있다면, 정신적으로 구원받을 수 있다는 것이다. 이는 단순한 자기 위안이 아닌, 자기 삶을 주체적으로 긍정하는 철학적 태도를 의미한다.

물론, 모든 과거를 '내가 원해서 그렇게 됐다'고 받아들이는 것은 절대 쉽지 않다. 특히, 감당하기 어렵고 고통스러운 사건을 긍정하기란 더욱 어렵다. 하지만 니체가 말한 구제는 어떠한 일이든 결국 나의 선택과 의지의 결과라고 인식하기를 요구한다. 다른 사람의 강요나 외부 환경에 책임을 돌리는 태도로는 자신의 과거를 온전히 긍정할 수 없다.

니체 철학은 완전한 자기 책임을 강조한다. 과거의 행동을 후회하지 않으려면, 모든 선택이 나의 의지에 의해 이루어진 것임을 깨달아야 한다. '남들이 시켜서'나 '다들 그렇게 하니까'와 같은 이유로 행동했다면, 그 결과를 받아들이기 어렵다. 자신의 행동과 선택의 주체가 자신이라는 사실을 깊이 자각하는 것만이 과거를 후회하지 않고 긍정하는 유일한 방법일지도 모른다.

06 Chapter

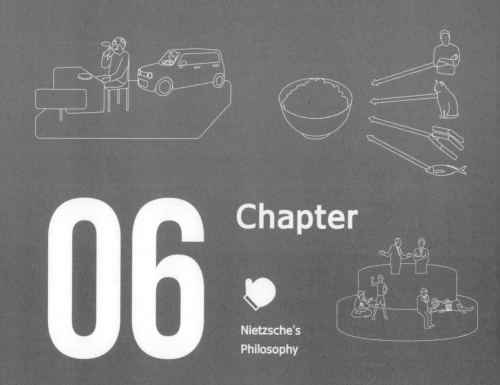

Nietzsche's Philosophy

인생에 활용하는 니체 철학

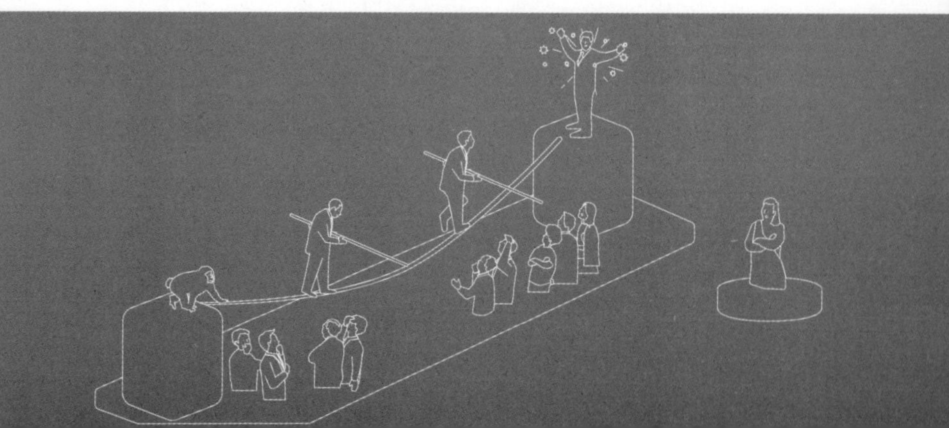

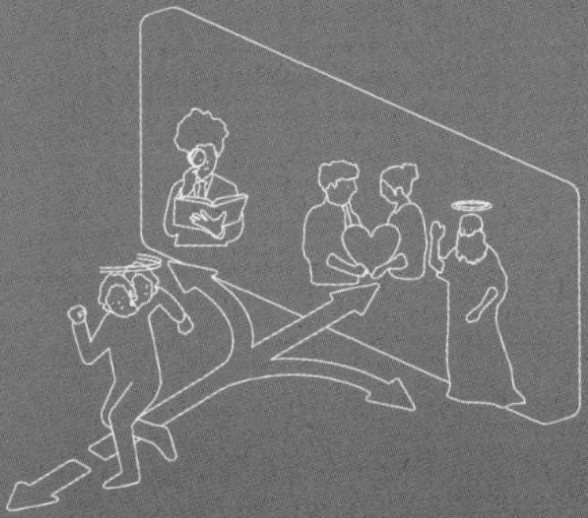

철학은 삶에
실질적 영향을 미치는
학문이다.

니체 철학은 논리 정연한 주장을 따라가는 데 그치는 것이 아니라 그 속에서 삶의 의미를 창조하고 더 나은 미래로 나아가는 동력을 발견하게 한다. 니체의 사상은 복잡하고 난해하거나 압축된 아포리즘 형태로 쓰여 많은 해석을 요하기도 하지만, 찬찬히 따라가다 보면 삶을 긍정하는 큰 에너지를 스스로 찾게 될 것이다.

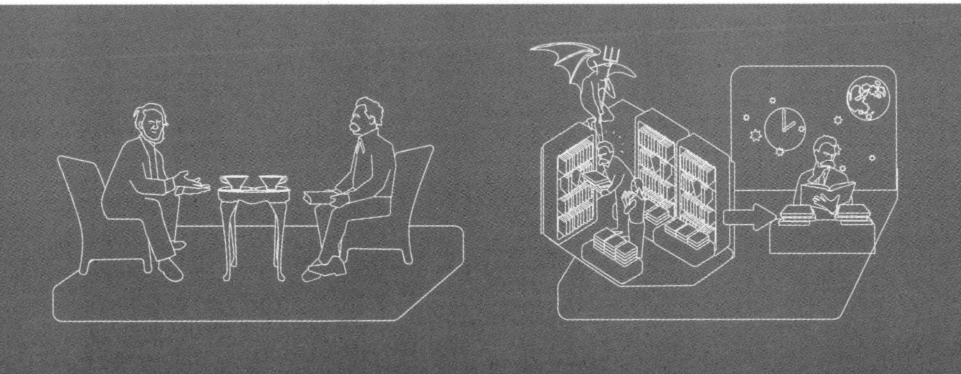

자기 기준으로 정보를 해석한다

외부 정보에 지나치게 영향을 받는다고 느낀다면 자신만의 기준으로 정보를 재검토하는 것이 중요하다.

현대 사회 구조상 우리는 끊임없이 정보를 흡수할 수밖에 없다. '노후 자금으로 5억이 필요하다', '연금 수령이 불확실하다'는 식의 정보가 신뢰할 만한 매체에서 나오면, 자연스럽게 '나는 과연 안전할까?'라는 의문을 품게 된다. 특히 자신의 경제적 상황이 불확실한 경우라면, 이러한 정보가 불안감을 더욱 자극할 수밖에 없다. 이때 니체의 관점주의 개념을 떠올려볼 필요가 있다. 니체에 따르면, 모든 사람은 자신만의 관점에서 세상을 해석하며, 절대적인 진리는 존재하지 않는다.

막연한 불안감이 항상 따라다닌다

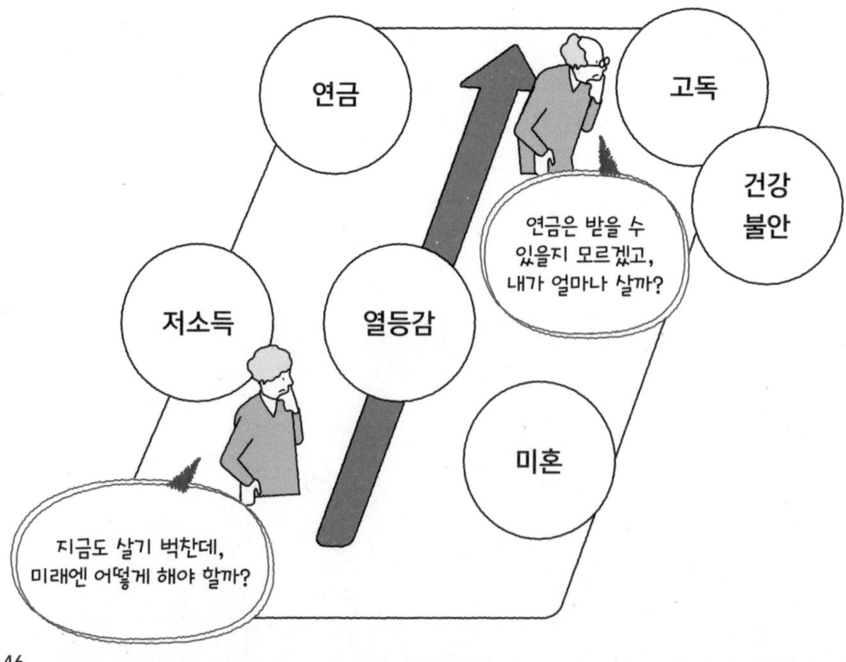

즉, 타인의 정보는 그 사람만의 자기 필터를 통해 해석된 것이므로 그대로 받아들이고 불안해할 필요 없다. 자신의 기준으로 정보를 해석하려고 노력하다 보면, '그렇게까지 걱정할 필요는 없다'는 결론에 이르기도 한다. 타인의 의견이 반드시 옳은 것은 아니며, 중요한 것은 자신의 관점에서 세상을 바라보는 것이다. 스스로 해석한 결과 '지금 이대로는 안 되겠다'는 생각이 든다면, 그때가 바로 행동으로 옮길 순간이다. 중요한 것은 타인의 의견에 휘둘리지 않고 주체적으로 삶을 살아가는 것이다.

그 불안, 정말로 근거가 있을까?

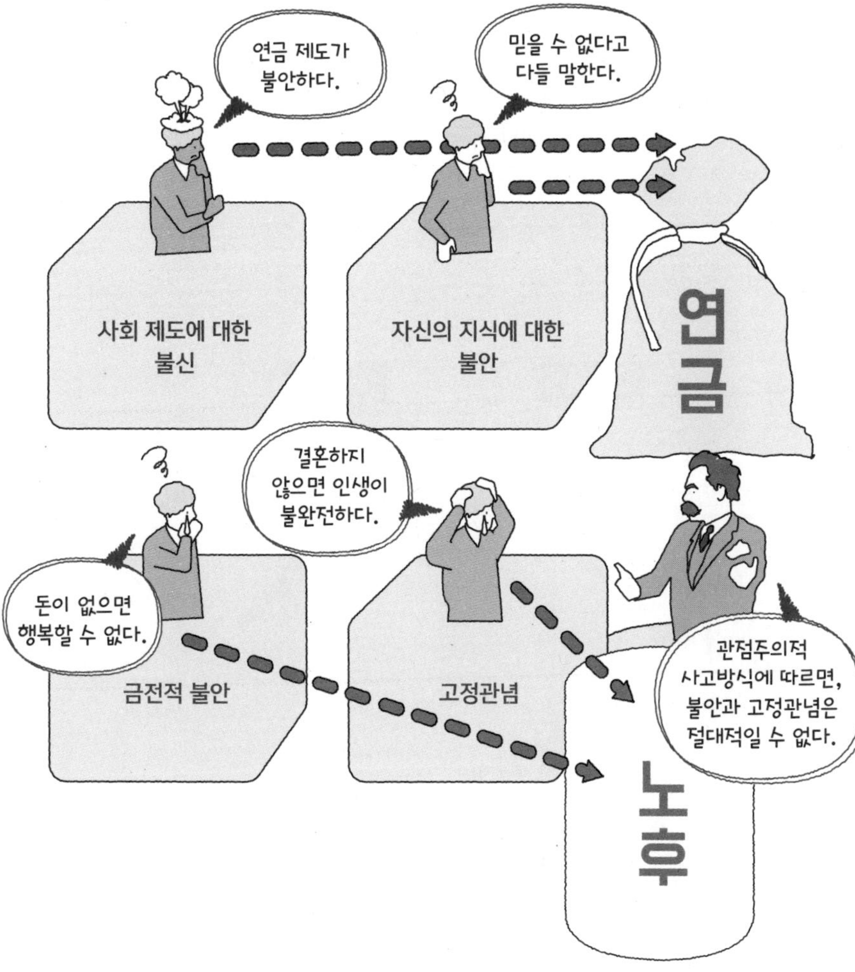

연금 제도가 불안하다.
믿을 수 없다고 다들 말한다.
사회 제도에 대한 불신
자신의 지식에 대한 불안
연금
결혼하지 않으면 인생이 불완전하다.
돈이 없으면 행복할 수 없다.
금전적 불안
고정관념
관점주의적 사고방식에 따르면, 불안과 고정관념은 절대적일 수 없다.
노후

02 타인을 과대평가하지 않는다

타인을 대단하다고 생각하는 것은 각자의 관점에서 본 해석일 뿐, 절대적인 것이 아니다.

성공한 사람의 인맥, 자산, 능력을 마주하면 주눅이 들고 자기비하적 사고에 빠지기 쉽다. 유명 인사나 성공한 동료, 혹은 외모가 출중한 친구 등 주변의 다양한 대상들이 열등감을 유발한다. 그런데 정말로 대단한가 하면 반드시 그렇지도 않다. 그들을 대단하다고 여기는 것은 당신의 주관적인 해석일 뿐이다. 관점주의적 사고로 보면, 절대적으로 대단한 사람은 존재하지 않는다. 어떤 사람의 관점에서는 '그다지 대단치 않은 사람'이거나 심지어 '형편없는 사람'일 수도 있다. 오히려 그 사람보다 당신이 더 뛰어나다고 여기는 사람도 분명 있을 것이다.

그는 정말 대단한 사람일까?

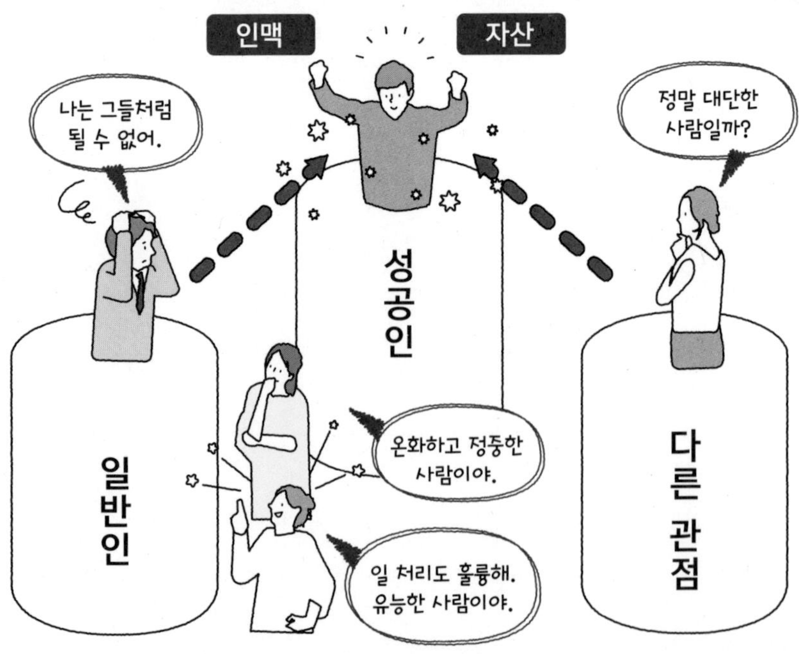

니체는 '강하지 않아도 괜찮다'며 현실에 안주하는 르상티망적 사고와 태도를 경계했다. 하지만 차이 자체를 부정하지 않았다. 오히려 니체는 차이를 인정하고 긍정적으로 받아들이는 것이 삶의 에너지를 북돋는다고 보았다. 차이를 긍정할 때, 우리는 더 나은 방향으로 나아갈 힘을 얻게 된다. '나는 안 돼'라는 생각에 빠져 자포자기하기보다는 자기 관점에서 스스로를 긍정하고 주체적으로 살아야 한다.

우선 긍정적으로 생각해 본다

06 인생에 활용하는 니체 철학

긍정적인 순환을 만든다

지금의 상태에 큰 불만이 없더라도 뭔가 부족하다는 느낌이 든다면, 행동이나 가치관을 점검하며 긍정적인 변화를 추구할 필요가 있다.

순조롭게 잘 해내고 있어도 가끔 '이대로 괜찮을까?'라는 의문이 생길 때가 있다. '계속해서 이 일을 할 수 있을까?', '이대로 살아도 인생이 순탄하게 잘 풀릴까?'라는 생각은 불안을 야기한다. 변화가 필요하다는 걸 알면서도 실행에 옮기지 못하는 이유는 현재의 상태가 그다지 나쁘지 않다고 느끼기 때문이다. 그렇다면 니체의 영원회귀 개념을 떠올려보자. '지금의 삶을 무한히 반복하고 싶은가?'라는 질문에 답하기 어렵다면 바로 현재의 삶과 가치관을 점검해야 할 때이다.

심각하지는 않지만 충분하지 않다

현재의 삶을 긍정적으로 해석할 수 있는지, 혹은 상식과 고정관념에 얽매여 있지는 않은지 되돌아보는 과정에서 새로운 길이 열릴 수 있다. 그 때문에 긍정적인 순환을 만들어가는 것이 무엇보다도 중요하다. 먼저 상식을 의심한다. 그다음으로 힘에의 의지를 발휘할 수 있는지 생각한다. 마지막으로는 새로운 도전을 하는 자신을 발견하는 것이다. 이러한 순환을 반복하다 보면, 사고방식과 행동이 자연스럽게 변화하면서 자신을 한층 더 긍정할 수 있게 된다. 니체 철학에서 중요한 것은 변화를 두려워하지 않고 자신의 힘을 믿으며 도전하는 자세이다. 현재의 삶에 부족함을 느낀다면, 그것이 변화의 출발점임을 받아들이고 자신을 더 나은 방향으로 이끌어 갈 주체적인 의지에 집중해 보자.

긍정적인 순환을 만들자

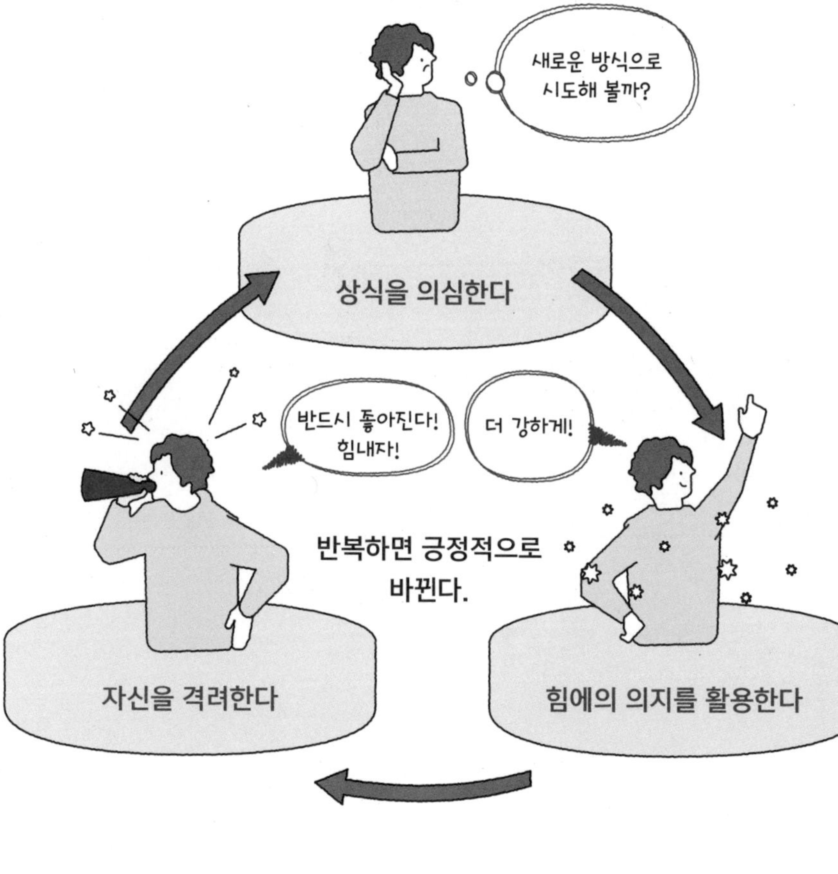

새로운 방식으로
시도해 볼까?
상식을 의심한다
반드시 좋아진다!
힘내자!
더 강하게!
반복하면 긍정적으로
바뀐다.
자신을 격려한다
힘에의 의지를 활용한다

04 열등감을 동기부여로 삼는다

자신의 부족함을 오히려 동기부여로 삼을 수 있다면 진정한 긍정주의자라고 할 수 있다.

천부적인 재능을 가진 이들은 평범한 사람들과 확연히 다르게 보인다. 여러 분야에서 일찍이 두각을 드러내며 활약하는 이들을 보면, 부러움에서 오는 무력감과 열등감에 빠지기도 한다. 그럴 때는 니체의 운명애 개념을 떠올려보자. 니체는 '자신의 운명을 사랑하라'고 말하며, 주어진 환경과 조건을 그대로 받아들이고 그 안에서 최선을 다할 것을 강조했다. 니체는 성공 자체가 아니라, 그 성공이 어떻게 이루어졌는지, 실패마저도 긍정할 수 있는지를 중요하게 여겼다.

타인과 비교할 필요 없다

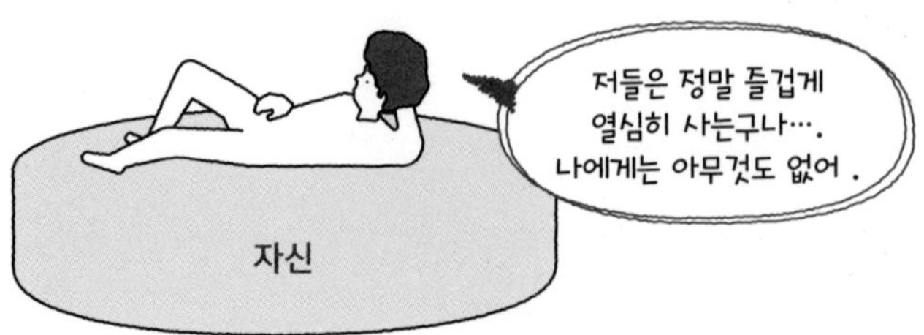

자신
저들은 정말 즐겁게
열심히 사는구나….
나에게는 아무것도 없어.

운이 나빠도 개의치 않고 자신의 운명을 스스로 개척하고 사랑할 수 있는 사람이야말로 진정 자유로운 사람이다. 타인과 비교하지 않고 자신의 처지를 직시하는 사람은 온 힘을 다해 삶을 긍정할 수 있다. 니체는 열등감을 인정하고, 그것을 기반으로 자신을 발전시키는 사람이야말로 새로운 시대의 위버멘쉬가 될 수 있다고 믿었다. 그러니 지금부터는 운에 의존하지 않고 자신의 운명을 긍정하고 사랑하는 진정한 자유인으로 살아보자.

운명을 스스로 개척한다

비록 내가 운이 좋다고 할 수는 없지만, 그렇다고 해서 변화할 수 없는 것은 아니야.
운에 의존하지 않는 사람
힘에의 의지
운이 나쁜 자신

주변 기대에 부응하다 보면 원하는 일을 못 한다

주변을 지나치게 신경 쓰다 보면, 서서히 스트레스가 쌓이고 정작 자신이 원하는 일을 할 수 없게 된다.

니체는 '힘에의 의지'를 가진 인간이야말로 니힐리즘의 시대를 살아갈 수 있다고 주장했다. 힘에의 의지는 강해지고 싶은 생명의 본질적 에너지이다. 하지만 자신의 힘을 키우는 데만 집중하기란 현실적으로 쉽지 않다. 우리는 가족, 동료, 친구들과의 관계 속에서 살아가며, 때로는 타인을 위해 자신의 욕망을 억제해야 한다. 이러한 사회적 제약을 무시하면 일상을 유지하기 어렵다. 다행히도 니체의 사상은 현대 사회를 살아가는 데 유용한 통찰을 제시한다.

마음 쓰이는 곳이 많으면 활력이 떨어진다

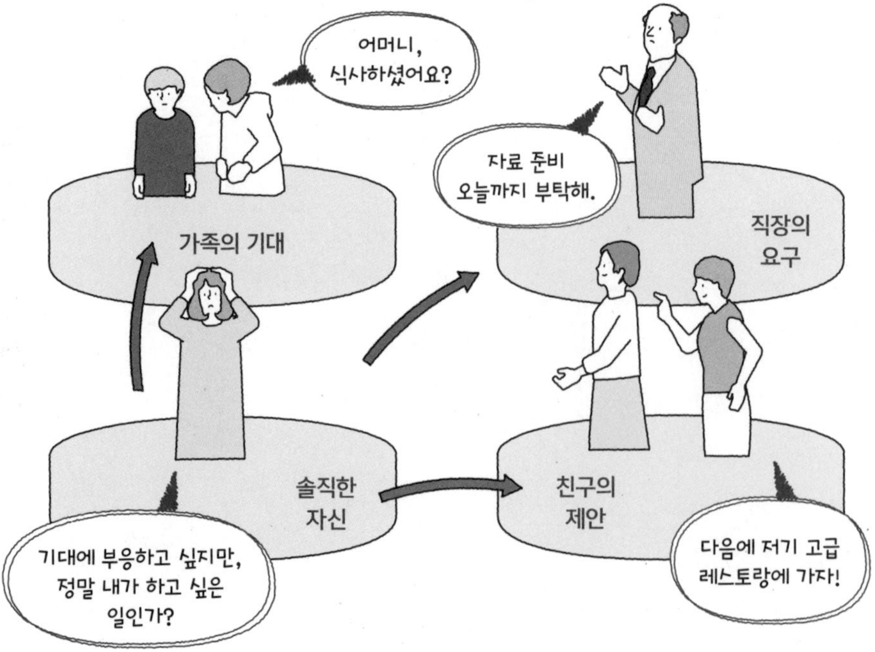

힘을 키우기 위해서는 타인과의 관계에 얽매이거나 결정을 맡기는 태도에서 벗어나야 한다. 자신과 주변인 사이의 균형을 바로잡는 것이다. 혹시 '타인의 기대에 부응해야 한다'는 생각에 갇혀 있지는 않은지, 자신의 판단과 행동의 방향을 면밀히 살펴보자. 만약, 정말 하고 싶은 일을 찾지 못했거나 긍정적인 에너지가 부족하다면, 자기 내면을 진지하게 들여다볼 시점이다. 스스로를 긍정하고 타인과의 관계를 건강하게 유지할 수 있어야 바람직한 균형 상태이다.

기대에 부응해야 행복할 수 있다는 생각을 버린다

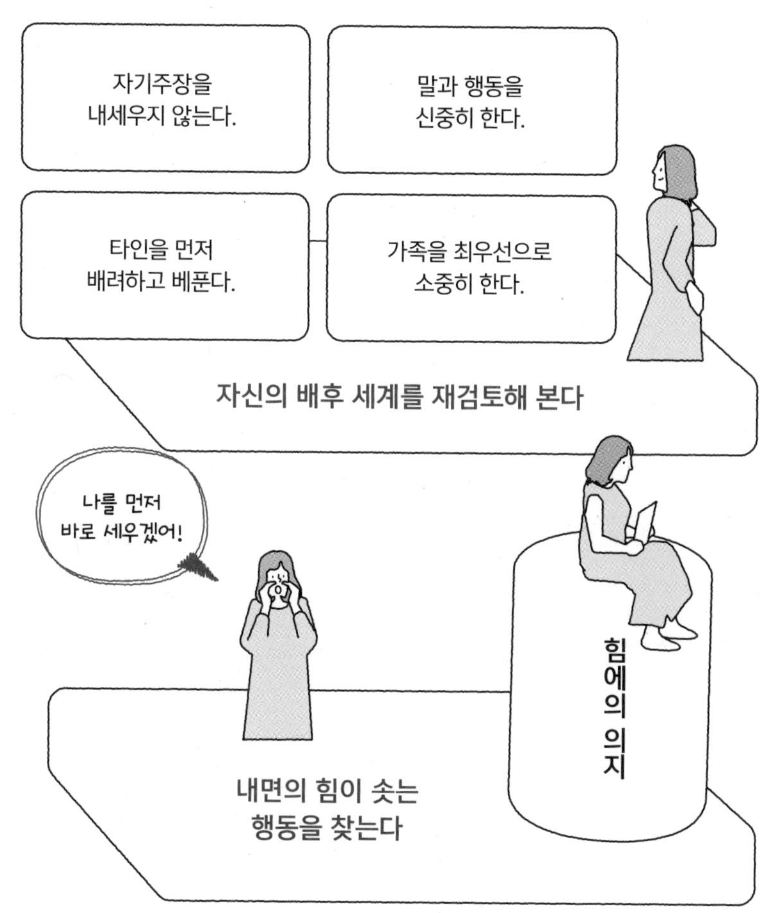
자기주장을
내세우지 않는다.
말과 행동을
신중히 한다.
타인을 먼저
배려하고 베푼다.
가족을 최우선으로
소중히 한다.
자신의 배후 세계를 재검토해 본다
나를 먼저
바로 세우겠어!
힘에의 의지
내면의 힘이 솟는
행동을 찾는다

06 고통을 탓하기보다 맞선다

고단한 현실을 마주하고 있다면, 니체 철학을 통해 힘을 얻을 수 있다.

니체의 영원회귀 개념은 삶이 무한히 반복된다는 상상을 통해 현재를 돌아보게 만든다. 물론 고단한 삶을 살고 있는 사람들에게는 이러한 상상이 버거울 수 있다. '영원히 반복되는 고통을 어떻게 견딜 수 있을까?'라는 의문이 자연스럽게 떠오르기 때문이다. 흥미로운 점은, 이 개념을 제안한 니체 자신이 고통으로 가득 찬 인생을 살았다는 것이다. 니체는 어린 나이에 아버지와 형제를 잃었고 간절했던 사랑에도 실패했다. 첫 저서는 혹평을 받았으며 교수직을 포기할 정도의 병약한 몸으로 평생을 지냈다.

정신력을 시험받는 고난의 상황

니체는 본인의 사상이 세상에 미치고 있는 영향을 인식하지 못한 채 세상을 떠났다. 그럼에도 니체는 삶을 강렬하게 긍정했다. 그의 저서들은 끝없는 고통 속에서 창작된 결과물이다. 니체는 불행을 한탄하지 않고, 고통을 새로운 관점에서 해석하며 주체적으로 맞서 싸움으로써 불행을 대하는 태도가 어떻게 삶을 바꿀 수 있는지 몸소 증명했다.

극복하는 사고방식으로 전환하자

07 과거의 선택을 후회하지 않는다

과거의 선택을 비관적으로 평가하기보다는 그 선택을 했던 자신을 받아들이는 것이 중요하다.

인생은 끊임없는 선택의 연속이다. 대학 입시, 취업, 인간관계, 오늘 저녁 메뉴까지 우리는 매일 수많은 선택을 한다. 누구나 한 번쯤 '그때 다른 선택을 했다면 지금의 삶은 어땠을까?'라고 상상해 본 적이 있을 것이다. 진로, 이사, 결혼 등 중요한 결정 하나가 인생의 방향을 크게 바꿀 수도 있다. 그러나 니체의 철학에 따르면, 과거의 선택을 후회하는 것은 의미가 없다. 그 순간의 자신은 최선의 선택을 했고, 당시의 지식과 상황에서 그것이 유일한 선택이었기 때문이다.

다른 선택을 하지 않았던 것을 후회한다

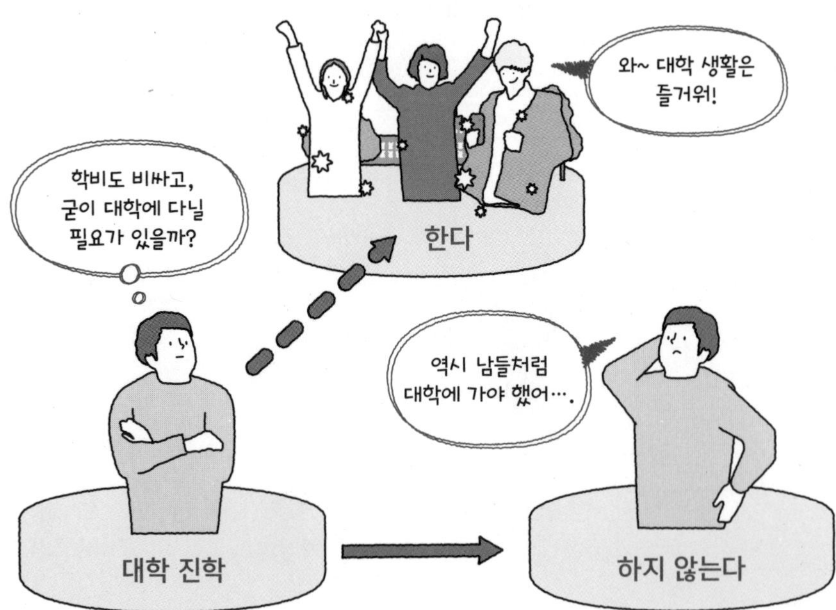

현재의 관점에서 과거를 돌아보며 더 나은 선택이 가능했을지 생각해 볼 수는 있지만, 그 당시에는 최선의 선택을 했다는 점을 인정해야 한다. 결국 그 선택은 필연적이었으며, 후회를 통해 얻을 것은 없다. 지금 할 수 있는 것은 그 선택을 받아들이고, 현재와 과거를 긍정적으로 해석하는 것이다. 니체의 운명애 개념을 받아들여 과거의 자신을 원망하지 말고 삶을 적극적으로 긍정하는 태도로 전환하자.

과거를 원망하지 말고 인정한다

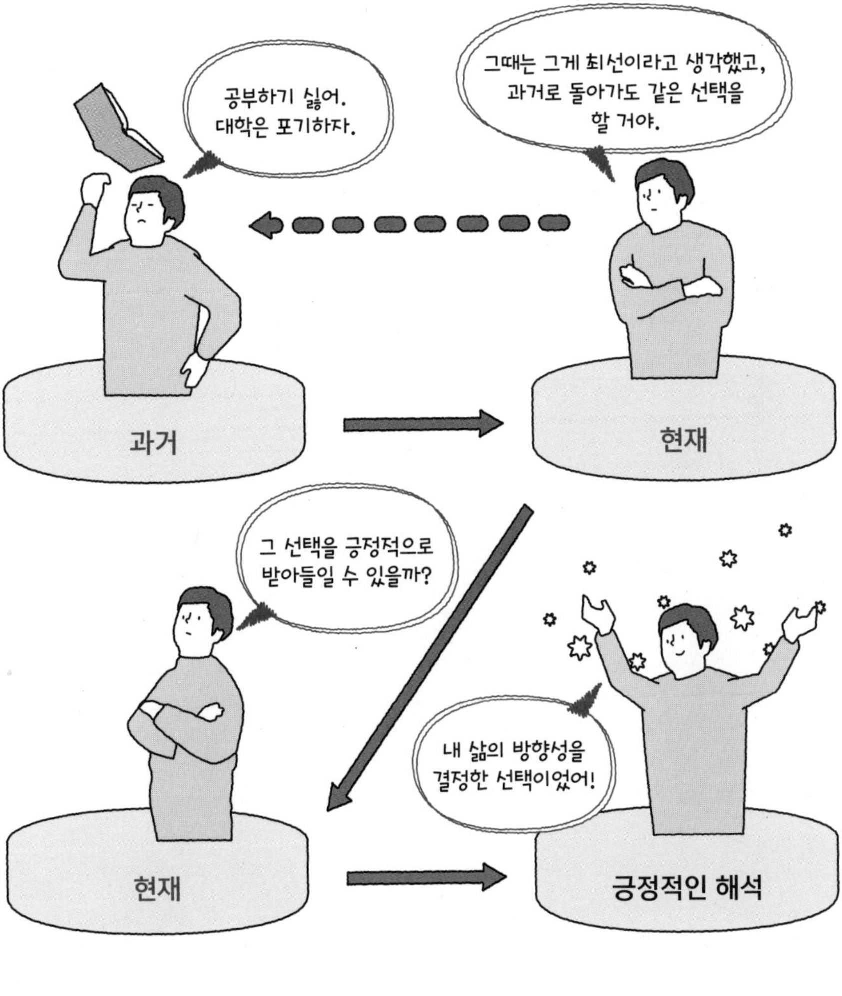

공부하기 싫어.
대학은 포기하자.

그때는 그게 최선이라고 생각했고,
과거로 돌아가도 같은 선택을
할 거야.

과거

현재

그 선택을 긍정적으로
받아들일 수 있을까?

내 삶의 방향성을
결정한 선택이었어!

현재

긍정적인 해석

08 회피는 자기 억압이다

현대판 '최후의 인간'이 되지 않기 위해 자신이 언제 활기차게 행동할 수 있는지를 탐구해야 한다.

니체는 최후의 인간이라는 개념을 제시했다. 이들의 특성을 현대적으로 해석하면 주목받는 상황을 꺼리고, 분란을 조심하며, 명확한 목표 없이 시간의 흐름에 삶을 맡긴다. 이러한 태도는 모든 일에 가치를 느끼지 못하고 하기 싫은 일에 관여하지 않는 무관심과 회피로 이어질 수 있다. 이 또한 바람직하지 않은 자기 억압의 형태이다. 마음가짐을 변화시키고 하루하루를 충실하게 살아가려면 힘에의 의지로 가득 찬 위버멘쉬를 목표로 삼는 것이 유익하다.

회피가 처세술일까?

우선 언제, 무엇을 할 때 성취감을 느끼는지 세심하게 관찰해 보자. 스스로 몰입의 즐거움에 빠지고 기분이 고양되는 순간만큼은 타인의 시선을 의식하지 않게 된다. 회피 감정은 외부의 비판이나 실패를 피하려는 방어 기제로 작용한다. 문제는 '나는 특별한 사람이다'라는 자기방어적 태도로 변질되어 강한 존재에 대한 질투나 원망, 즉 르상티망으로 이어질 수 있다는 것이다. 잘하지 못해도 괜찮다. 스스로를 억누르지 말고 담담하게 힘에의 의지를 발휘하며 열정을 따르다 보면, 외부의 평가나 기대에 휘둘리지 않고 자신의 경험과 가치로 정의되는 삶을 살 수 있다.

성취감을 느낄 수 있는 행동을 하자

니체의 말 ⑪

네가 서 있는 그곳을 깊이 파헤쳐라!
그 아래에 샘이 있다!
몽매한 인간들일랑
외치도록 놔두어라.
"그 아래에는 언제나 지옥뿐이다!"라고.

『즐거운 학문』

살다 보면 누구나 자신감을 잃고 무기력해질 때가 있다. 노력이 결실을 보지 못하고 기대하던 모든 것이 수포가 되면 깊은 무력감을 느끼게 된다. 아무것도 남은 것이 없는 느낌에 피가 거꾸로 솟구치는 분노가 일기도 한다.

니체는 이러한 순간에도 우리의 밑바닥에는 여전히 샘이 있다고 말한다. 아무것도 가지지 못한 듯해도 단지 살아있는 것만으로 우리는 엄청난 에너지를 지니고 있다.

그것을 느끼지 못하는 이유는 허구적 가치관에 얽매여 자신의 에너지를 외면하고 있기 때문이다. '성공하지 않으면 사람답게 살수 없다'라거나 '부와 지위를 얻지 못하는 삶은 한심하다'는 생각에 사로잡혀 있지는 않은가?

니체의 힘에의 의지는 강해지고 싶다는 본능적 욕망이다. 중요한 것은 그 힘의 방향성이다. 성공하지 못하더라도 성공을 희망하는 한, 그 힘은 솟아오른다. '성공하지 않아도 괜찮다'며 르상티망으로 도망치지만 않으면 우리 안의 힘은 언제까지나 솟아난다.

니체 자신도, 고난 속에서 신념을 꺾지 않은 인물이었다. 명석한 두뇌로 성공만을 추구했다면 대중이 이해하고 좋아할 책을 써서 쉽게 유명 작가가 되고, 대학에서도 좋은 평가를 받았을 것이다. 하지만 그는 그렇게 하지 않았다. 니체는 힘에의 의지가 이끄는 대로 자신의 모든 에너지를 집필에 쏟았다. 니체의 인생은 고난과 좌절 속에서도 불굴의 에너지로 가득 찼다. 그는 정신이 쇠약해질 때까지 창작을 멈추지 않았다. 그런 니체의 강인함을 그의 저서에서 생생하게 느낄 수 있다. 그가 남긴 철학은 우리에게 언제든 다시 솟구칠 수 있는 내면의 샘을 일깨운다.

column

니체의 말 ⑫

인간의 가장 깊은 근저로부터,
자연으로부터 솟구쳐 나오는
환의에 찬 황홀을
이 전율과 함께 받아들인다면,
우리는 디오니소스적인 것의
본질을 엿볼 수 있다.

『비극의 탄생』

삶의 가치는 도대체 어디에서 오는 것일까? 누군가는 종교나 도덕에서 그 답을 찾지만, 니체는 삶의 가치를 '생명력'에서 찾았다. 그가 말하는 생명력은 이성적이고 질서 정연한 것이 아니다. 오히려 원초적이며 혼란스러운 에너지이다. 도취, 감정, 욕망, 황홀과 같은 요소들로 이루

어진 혼돈이며, 이러한 감정과 욕망은 때때로 갈등과 비극을 불러일으킨다. 니체는 그것이 바로 삶의 원천이라고 보았다.

니체는 『비극의 탄생』에서 이 에너지를 '디오니소스적'이라고 명명했다. 디오니소스적 에너지는 그리스 비극 속에서 혼란과 파멸로 이어지기도 하지만, 그는 이 원초적인 에너지를 긍정했다. 이 에너지는 비극적이면서도 동시에 삶을 진정으로 경험하게 하는 힘이다. 그는 삶을 있는 그대로 받아들이고 긍정하는 태도가 필요하다고 주장했다. 세상을 억지로 변형하거나 이상화하지 않고 그 본질을 인정하는 것이, 오히려 더 나은 삶으로 이어질 수 있다고 믿었기 때문이다.

지금까지 인류는 질서와 이성을 바탕으로 문명을 발전시켜 왔다. 우리는 공동체의 이익을 우선시하고, 논리적 사고와 과학에 의존해 왔다. 이성에의 의존은 때때로 르상티망적 노예 도덕이 퍼지는 기반이 되기도 했다. 니체는 이러한 시대적 변화 속에서 인간의 원초적인 욕망과 힘을 긍정해야 한다고 주장한다. 디오니소스적 에너지를 두려워하지 않고, 있는 그대로의 삶을 받아들이는 것이 진정 빛나는 삶으로 이어지는 길이다. 잡음을 잠재우고 모든 것을 '그렇다'고 긍정하는 순간, 디오니소스적 에너지를 통해 더 높은 삶의 경지에 도달할 수 있다.

07 Chapter

Nietzsche's Philosophy

니체의 생애에서 배우다

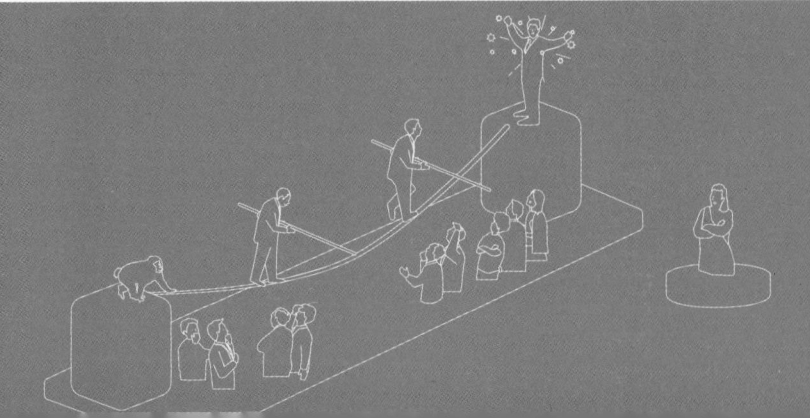

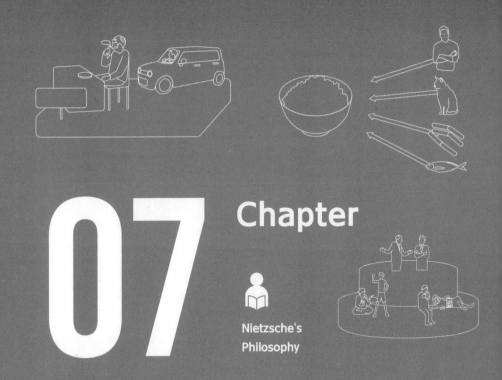

어떤 운명이라도
긍정할 수 있다!

철학자의 생애는 그의 사상을 이해하는 데 중요한 열쇠가 된다. 니체는 고단하고 외로운 삶을 살았음에도 운명애를 몸소 실천했다. 그의 철학적 여정을 따라가며 인생의 고난을 어떻게 극복할 수 있는지 실마리를 얻어 보자.

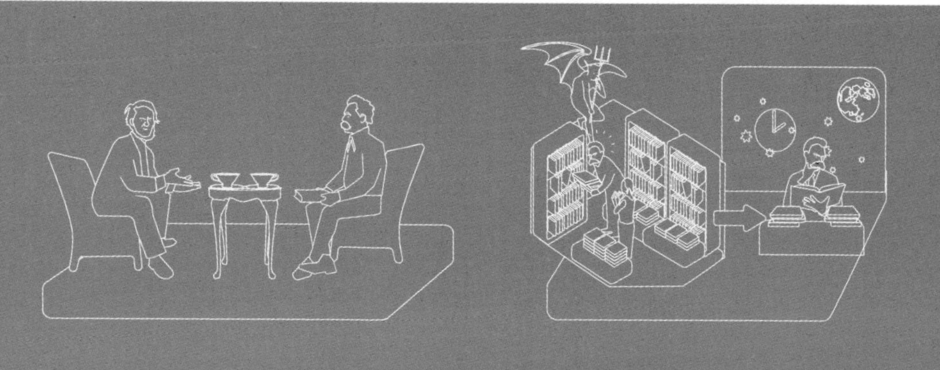

목사의 아들로 태어나 24세에 교수가 되다

니체는 유년 시절의 슬픔을 딛고 학문적 두각을 나타내며, 독자적인 길을 개척해 나갔다.

1844년 10월 15일, 니체는 프로이센 왕국(현재 독일)에서 태어났다. 흥미롭게도, 기독교를 강하게 비판한 니체는 독실한 기독교적 배경을 가진 가정에서 성장했다. 그의 아버지 카를은 개신교 목사였고, 어머니 프란치스카도 목사 가문 출신이었다. 어린 시절, 니체는 남동생 요셉, 여동생 엘리자베스와 함께 화목한 환경에서 성장했다. 하지만 그 행복은 오래가지 않았다. 니체가 5살이 되던 해, 아버지 카를이 머리를 다치는 사고를 당했고, 이듬해 35세의 나이로 사망하고 말았다. 그 뒤를 따르듯, 당시 두 살이었던 남동생 요셉도 병으로 사망한다.

목사 아버지와 동생의 갑작스러운 죽음

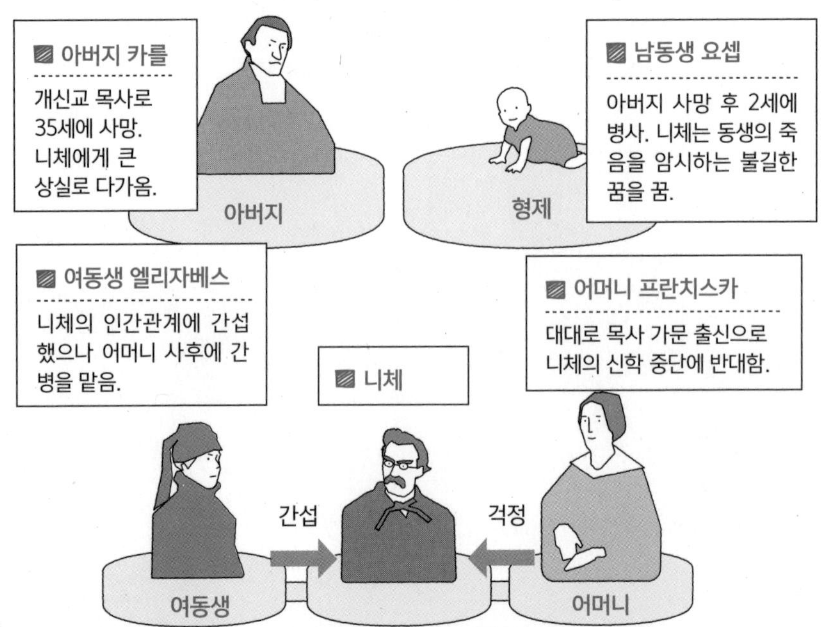

아버지 카를
개신교 목사로 35세에 사망. 니체에게 큰 상실로 다가옴.
아버지
남동생 요셉
아버지 사망 후 2세에 병사. 니체는 동생의 죽음을 암시하는 불길한 꿈을 꿈.
형제
여동생 엘리자베스
니체의 인간관계에 간섭했으나 어머니 사후에 간병을 맡음.
니체
어머니 프란치스카
대대로 목사 가문 출신으로 니체의 신학 중단에 반대함.
간섭
걱정
여동생
어머니

잇따른 비극은 어린 니체에게 깊은 상처를 남겼다. 니체는 14세에 독일의 명문 김나지움인 슐포르타에 입학해 학문적 역량을 키웠고 졸업 후, 본대학교에 진학해 신학과 고전문헌학을 공부했다. 그러나 곧 신학에 흥미를 잃고 포기하고 마는데, 그 소식을 들은 어머니가 크게 실망했다고 한다. 그러나 고전문헌학에서 탁월한 능력을 발휘하며 두각을 드러냈다. 한때 군에 자원입대했으나 건강 문제로 군 생활을 이어가지 못했고, 24세라는 젊은 나이에 바젤대학교 고전문헌학 교수로 임용되며 학문적 명성을 쌓아가기 시작했다.

24세에 교수가 되다

바젤대학교 외래 교수
당시로서는 매우 이례적인 젊은 나이에 교수 임용.
24세
23세
기병대대에 입대
군인으로서도 우수했지만 부상으로 제대.
20세
본대학교 입학
고전문헌학에서 두각을 나타내며 라이프치히대학교로 옮김.
14세
명문 슐포르타 학원에 입학
엄격한 규율 속에서 학문적 기초를 다짐.

02 쇼펜하우어의 영향을 받다

대학에 진학한 니체는 21세에 쇼펜하우어 책과의 운명적인 만남을 통해 철학적 전환점을 맞이한다.

은사 리츨 교수의 권유로 본대학교에서 라이프치히대학교로 옮기게 된 니체는 고서점에서 쇼펜하우어의 『의지와 표상으로서의 세계』와 운명적으로 만난다. "악마가 속삭이듯 '이 책을 집으로 가져가라'고 말했다."라며 이 책을 발견한 순간을 회상한 일화는 잘 알려져 있다. 평소 매우 신중하게 책을 고르던 니체가 이때만큼은 한 치의 망설임 없이 책을 샀고, 2주간 하루 4시간만 자면서 탐독했다고 한다.

고서점에서 철학적 여정의 중요한 순간을 맞이하다

『의지와 표상으로서의 세계』는 '인간은 살고자 하는 맹목적 의지'에 의해 끝없이 욕망을 추구하지만, 세상은 유한하기 때문에 욕망이 충족되지 못하고, 결국 고통으로 귀결된다는 쇼펜하우어의 철학을 담고 있다. 이는 젊은 니체에게 큰 충격을 주었고, 세상과 삶에 대한 본질적인 사유에 빠지게 했다. 후에 니체 사상에 중요한 기틀이 되었으며 철학적 발전에 큰 영향을 미쳤다.

쇼펜하우어의 철학적 주제 '살고자 하는 맹목적 의지'

바그너와 친분을 쌓다

니체는 존경하던 독일의 위대한 작곡가 리하르트 바그너와 깊은 우정을 나누며 그의 예술과 사상에 큰 영향을 받았다.

니체는 쇼펜하우어의 철학과 함께 바그너 음악에 심취해 있었다. 24세에 바그너의 오페라 『뉘른베르크의 마이스터징어』 전주곡을 듣고 친구에게 편지를 보내 "온몸의 신경이 경련을 일으켰다. 이토록 황홀함이 오래 지속된 적은 없었다."며 깊은 감동을 전했다. 그러던 어느 날, 한 친구에게서 온 쪽지를 읽고 벅찬 설렘을 느끼게 된다. '리하르트 바그너를 만나고 싶다면, 3시 45분에 카페 테아트르로 올 것.' 동경의 대상을 만날 수 있다는 생각에 들뜬 니체는 정장을 준비했지만, 예상치 못한 문제 때문에 어쩔 수 없이 셔츠 차림으로 카페 테아트르에 도착하게 된다. 결례가 될까 걱정했으나, 바그너는 그를 따뜻하게 환대했고 이내 두 사람은 쇼펜하우어 철학에 대한 공통된 관심을 바탕으로 대화에 빠져들었다.

바그너와 의기투합하다

리하르트 바그너

당시 독일의 저명한 음악가이자 철학에도 조예가 깊은 인물이었다.

네, 책도 여러 번
읽었습니다.
동경하던 바그너가
눈앞에 있다니
믿어지지 않는다.
당신도 쇼펜하우어를
좋아하나요?

니체와 바그너는 그날 이후에도 철학과 예술에 대한 열정적인 토론을 나누며 급속히 가까워졌다. 니체가 스위스로 이주한 뒤에도 둘은 지속적으로 교류하며 깊은 우정을 이어갔다. 바그너의 음악과 예술적 비전은 니체의 초기 철학에 강한 영향을 미쳤고, 특히 그의 첫 저서 『비극의 탄생』에는 바그너의 영향이 짙게 반영되어 있다. 두 사람은 단순한 우정을 넘어 서로의 철학과 예술적 영감을 주고받는 특별한 관계였다.

스위스에서 바그너와 깊은 우정을 이어가다

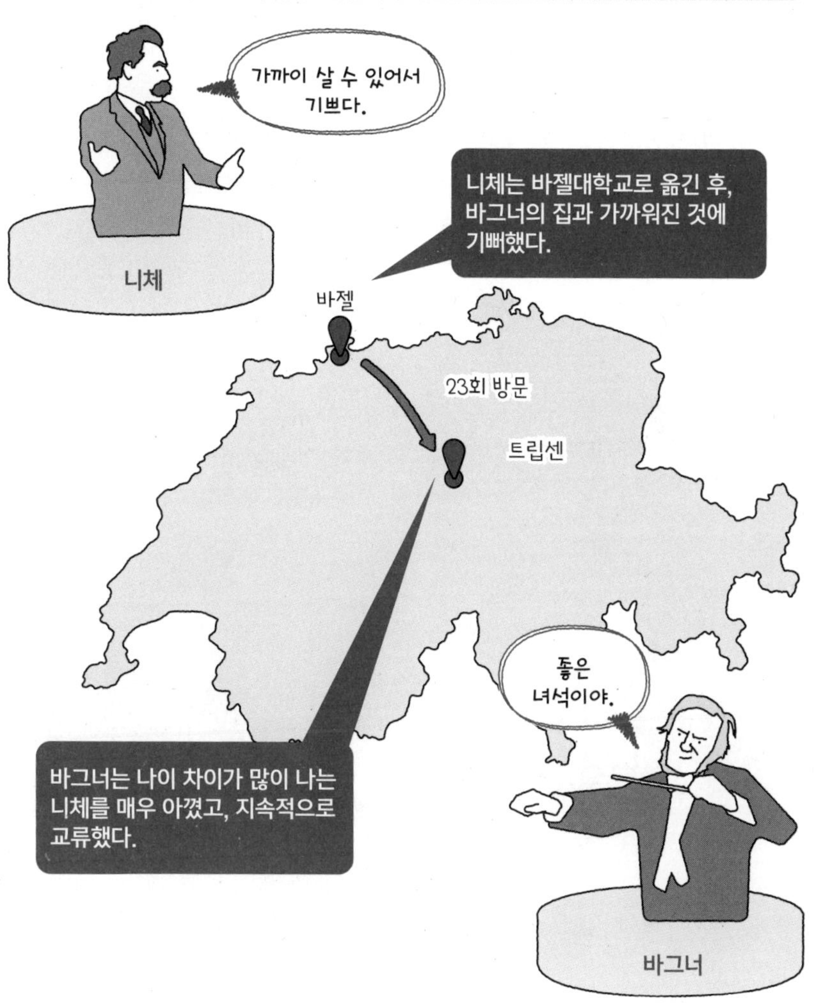
가까이 살 수 있어서
기쁘다.
니체
니체는 바젤대학교로 옮긴 후,
바그너의 집과 가까워진 것에
기뻐했다.
바젤
23회 방문
트립센
좋은
녀석이야.
바그너는 나이 차이가 많이 나는
니체를 매우 아꼈고, 지속적으로
교류했다.
바그너

07 니체의 생애에서 배우다

『비극의 탄생』이 학계로부터 혹평을 받다

병마와 싸우며 완성한 『비극의 탄생』은 학계의 혹평을 받았지만, 이로 인해 니체의 철학적 독자성은 더욱 뚜렷해졌다.

바젤대학교 외래교수로 임명된 지 얼마 지나지 않아 보불전쟁이 발발하자, 니체는 간호병으로 자원해 전장에 나섰다. 부상병을 돌보던 중 이질과 디프테리아에 걸려 결국 의가사 제대해야 했고, 긴 요양에 들어갔다. 건강이 극도로 악화한 상태에서도 학문에 대한 열정이 끝없이 타올랐던 니체는 그리스 비극을 분석한 『비극의 탄생』을 집필했는데, '디오니소스적 도취'를 통해 삶의 고통을 완화할 수 있으며 바그너의 작품은 그리스 비극을 현대적으로 훌륭하게 재현한 예술이라고 주장했다.

투병 중에 집필하다

하지만 당시 학계는 이 독창적인 접근을 받아들이지 않았다. 특히, 은사 리츨 교수는 '재기 있는 술주정뱅이의 글'이라며 강하게 비판했고, 본대학교의 한 학자는 '이런 글을 쓰는 이는 학문적으로 죽은 것'이라며 냉혹한 평을 남겼다. 당대 문헌학계는 객관성을 중시했기에, 바그너에 대한 예찬과 주관적 해석이 섞인 니체의 접근은 생소하고 이질적으로 보일 수밖에 없었다. 반면, 바그너는 이 책을 극찬하며 니체의 관점에 공감했다. 주류 학계와의 충돌은 오히려 니체의 철학적 독자성을 더욱 두드러지게 했다. 『비극의 탄생』에 대한 학계의 냉대는 니체가 기존 학문적 틀을 넘어서는 계기가 되었고, 그는 전통적인 학문에서 벗어나 독자적인 철학의 길을 모색하기 시작했다.

처녀작 『비극의 탄생』이 혹평을 받다

05 건강 악화로 대학을 떠나다

니체는 병마와의 끊임없는 싸움과 고독으로 점철된 삶을 살았다.

『비극의 탄생』이 학계로부터 혹평을 받자, 니체는 깊은 상처를 입었다. 책의 판매마저 부진해서 수강생이 두 명에 불과했는데, 그중 문헌학 전공자는 단 한 명도 없었다. 당시 그는 극심한 편두통에 시달리면서도 4부로 구성된 『반시대적 고찰』을 완성했다. 1~3부까지는 독일 문화를 비판하며 '세 가지 인물상'을 다뤘으나, 4부에서는 바이로이트 축제 극장을 설계하고 감독한 바그너를 예찬하는 내용을 담고 있다. 4부 집필 당시 니체는 건강 악화로 1년간 휴직해야 했다.

작품은 혹평을 받고 병도 악화한다

관점주의적 사고방식을 제시하는 『인간적인, 너무나 인간적인』을 집필할 무렵 그토록 친밀했던 바그너와의 관계가 점차 소원해졌다. 스트레스가 극에 달한 니체는 실명 위기의 눈병, 만성 위장병, 지독한 편두통에 시달렸고, 결국 1879년 바젤대학교를 사임하게 된다. 이후, 재야의 저술가로서 새로운 삶을 시작했으나, 1년 중 120일 이상을 격렬한 발작으로 고통받았다. 니체는 정신적 고독과 신체적 고통에도 굴하지 않고 끊임없이 사유하며, 철학적 탐구를 이어갔다.

두 권의 저서를 더 집필한 후 퇴직을 결심하다

06 바그너와 결별하다

31년의 나이 차를 넘어 깊은 우정을 나누었던 니체와 바그너의 관계는 결국 끝을 맞이하며 니체는 큰 변화를 겪게 된다.

니체와 바그너는 서로의 예술과 철학을 열렬히 지지하며 우정을 쌓았지만, 서서히 관계에 균열이 생기기 시작했다. 초기 저작 『반시대적 고찰』에서는 바그너를 극찬했지만, 점차 그의 예술적 방향에 대해 의구심을 품기 시작했다. 바그너 역시 니체에게 고마워하면서도 "왜 그렇게 나를 찬미하는가?"라며 의문을 표했다. 바그너의 초대를 받아 바이로이트 축제 극장에 간 니체는 오페라 총연습을 보고 크게 실망한 나머지 도망치듯 극장을 떠나고 만다. 바그너가 진정한 예술을 추구하기보다는 상류층의 기호에 맞추어 대중성을 좇는 흥행사로 변절했다고 느꼈기 때문이다.

바그너에서 마음이 멀어지다

실망스럽다….
돌아가자.
깊이 있는 바그너의 음악을 좋아했던 니체는 유행을 좇는 듯한 작품에 실망했다.
공연 도중 퇴장
뭐라고요?
실은 기독교에 귀의했어.
기독교에 반감을 품었던 니체는 바그너의 행동을 이해할 수 없었다.
바그너의 고백

니체는 그 길로 바그너와 거리를 두고 바이에른 숲에 은거하며 사유에 몰두했고, 『인간적인, 너무나 인간적인』을 집필한다. 이 책에서 니체는 바그너의 예술과 진리관을 기만적이라 비판하며 전통적 가치와 관념을 넘어설 때 발현된다는 '자유정신' 개념을 제시했다. 바그너의 오페라 『파르지팔』에서 짙은 기독교적 색채를 본 니체는 배신감과 깊은 실망을 느꼈고, 결국 관계를 완전히 청산하기에 이른다. 과거의 영웅이었던 바그너와의 결별은 니체에게 초기 저작에 담긴 사유를 해체하고 독자적 철학을 정립하는 계기가 되었다.

니체와 바그너의 갈등은 정점으로 치닫다

실망이야. 돌아가자.
바그너에 환멸
인간은 살기 위해 사상과 관념을 선택한다.
모든 사상은 생존을 위한 도구로 사용된다.
『인간적인, 너무나 인간적인』을 구상하다
절대적 진리 따위는 이 세상에 존재하지 않는다!
기독교적인 구원은 확실히 있다!
니체와 바그너의
우정은 끝을 맞이한다

『차라투스트라는 이렇게 말했다』를 완성하다

대학교에서 퇴직한 니체는 인간관계에 어려움을 겪으며 고독이 깊어졌고, 그 속에서 대표작을 탄생시켰다.

1882년, 니체는 친구 파울 레의 소개로 21살의 루 살로메를 만나면서 인생의 새로운 전환점을 맞이한다. 릴케와 프로이트 등 당대 지식인들과 교류했던 살로메는 매력적이고 지적인 인물로, 니체는 그녀에게 완전히 매료되었다. 살로메에게 자신의 철학적 사상과 영원회귀의 개념을 열정적으로 설명했다고 한다. 니체는 살로메를 이상적 배우자로 여겨 청혼했지만, 그녀는 니체를 철학적 스승으로 존경했을 뿐 연애 감정은 없었다.

진정한 사랑을 놓치다

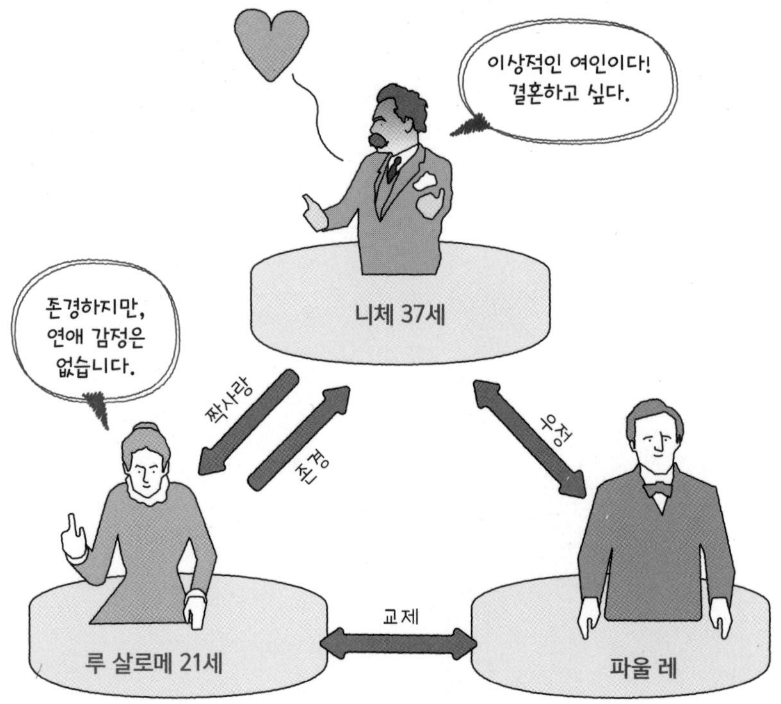

살로메에게 거절당한 니체는 깊은 실연의 아픔 속에서 주변 인간관계마저 큰 변화를 겪게 된다. 가족과의 관계는 점점 소원해졌고, 친구들과의 교류도 줄어들며 고독이 깊어졌다. 이러한 고립감 속에서 니체는 철학적 탐구와 성찰을 이어가며 마침내 대표작 『차라투스트라는 이렇게 말했다』를 완성한다. 니체는 이 책을 '미래의 성경'이라 부를 정도로 자부심을 가졌지만, 당시 사람들에게는 생소하고 난해하게 여겨졌다. 결국, 제4부는 출판사를 찾지 못한 채 자비로 인쇄한 40부 중 7부를 친구들에게 나눠주는 것으로 그쳤다. '미래의 성경'이라는 말처럼 당시 사람들에게 이해되기엔 너무 이른 작품이었을지도 모른다.

고통 속에서 세기의 명저를 출간했지만…

고통스러워도
강해져야 한다.
실연했지만,
책을 완성하다
'영원회귀',
'위버멘쉬'…
대단한
작품이다!
『차라투스트라는 이렇게 말했다』 완성
한 번 읽어보세요.
자비 출판, 판매 부진

정신이 혼미해졌지만 책은 성공하다

온갖 스트레스를 견디며 집필을 이어가던 니체는 결국 정신 착란에 빠졌지만, 그의 명성은 높아졌다.

『차라투스트라는 이렇게 말했다』가 출간되었을 때 대중으로부터 인정받지 못했지만, 니체는 굴하지 않고 끊임없이 저술 활동을 이어갔다. 1886년부터 1888년까지 『선악의 저편』, 『도덕의 계보』, 『바그너의 경우』, 『우상의 황혼』, 『안티크리스트』, 『이 사람을 보라』와 같은 대작들을 연이어 완성했다. 이 중 『도덕의 계보』는 아포리즘 대신 서술형을 택해 니체 철학의 입문서로 적합하다는 평을 받는다. 하지만 이 시기, 니체는 극도의 스트레스, 병세 악화, 심각한 고립 상태에 빠지고 만다. 여동생의 결혼과 파라과이로 이주, 루 살로메의 결혼 소식, 그리고 세간의 중상모략은 그를 모질게 괴롭혔다. 결국 약물에 의존하게 되었고, 정신 상태는 더욱 불안정해졌다.

온갖 불행과 고난을 겪으며 고립된 삶을 살다

그러던 1889년, 니체가 토리노 거리에서 채찍질 당하는 말을 끌어안고 울부짖으며 실신하는 사건이 발생한다. 이로 인해 정신 병원에 입원했지만, 상태는 급격히 악화하였다. 아이러니하게도 니체가 정신적으로 혼미해진 후, 그의 철학적 명성은 오히려 높아졌다. 니체의 사상은 점차 더 많은 사람들에게 알려지기 시작했고, 그가 쓴 책들은 독창적이고 시대를 앞선 철학적 통찰로 평가되며 명저로 자리 잡게 되었다.

1889년, 광인이 되다

07 니체의 생애에서 배우다

1900년, 이번의 생을 마치다

병세가 깊어진 니체는 자신의 명성이 높아지고 있다는 사실을 인식하지 못했지만, 여전히 자신의 삶을 긍정하며 살아갔다.

니체는 널리 퍼져나가는 자신의 명성과 철학적 영향력을 생전에 누리지 못했다. 1891년 루 살로메는 「자유무대」라는 잡지에 니체론을 기고하며 그의 철학을 대중에게 소개했고, 1894년 백과사전에는 니체의 이름이 '일류 문필가'로 등재되었다. 1896년 구스타프 말러는 『차라투스트라는 이렇게 말했다』의 한 구절을 인용하여 교향곡을 작곡했으며, 일본에서도 그의 철학이 잡지에 처음 소개되었다. 그의 저작이 예술과 대중문화에 점차 스며들며 세계적으로 퍼져나가기 시작했지만, 병이 깊어진 니체는 자신의 명성과 변화하는 상황을 인식할 수 없었다.

명성이 계속 높아지다

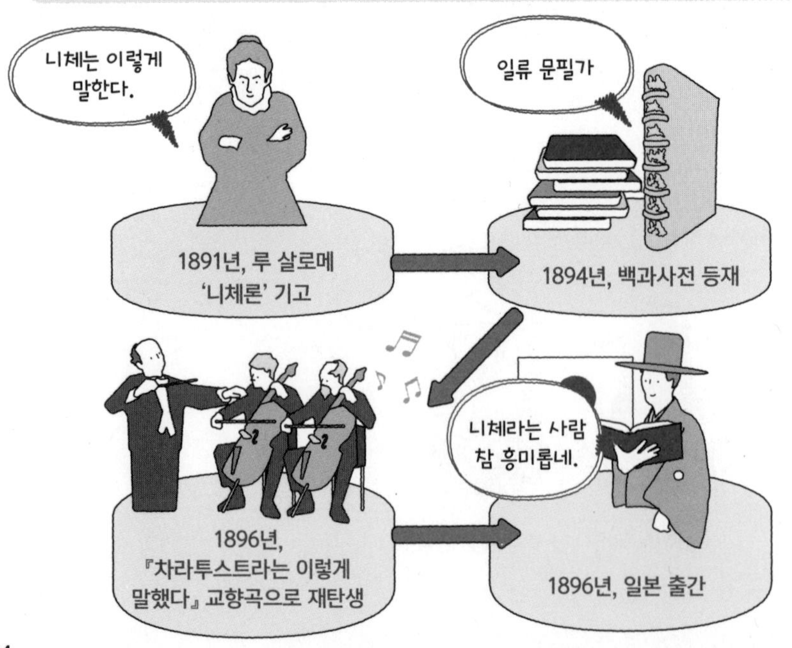

1897년 어머니가 세상을 떠난 후, 여동생 엘리자베스가 니체를 간병했지만 그는 계속 쇠약해졌다. 결국 1900년 8월 25일, 니체는 숨을 거두었고 고향에 안장되었다. 니체는 정신적으로 무너지기 직전에 완성한 『이 사람을 보라』 서문에 이런 글을 남겼다. "어찌 내가 나의 전 삶에 감사하지 않을 수 있겠는가? 그래서 나는 나 자신에게 나의 삶을 이야기한다." 그는 신체적 고통과 정신적 혼란 속에서도 끝까지 자신의 철학을 통해 삶을 긍정하려 했다. 비록 생전에는 자신의 철학이 충분히 인정받지 못하고 인간관계도 고단했지만, 니체는 결코 삶의 의미를 의심하지 않았다. 그의 사상은 사후에 진정한 가치를 인정받기 시작했으며 시간이 흐를수록 그의 명성은 찬란히 빛났다.

고통으로 가득 찬 삶을 긍정하다

정말 대단한 사람이야.
?
명성을 인지하지 못함
앞으로는 내가 돌봐 줄게.
어머니의 죽음
1900년 영면
어찌 내가 나의 전 삶에 감사하지 않을 수 있겠는가?
『이 사람을 보라』 (1888년)

참고문헌

·『「最強!」のニーチェ入門　幸福になる哲学』飲茶（河出書房新社）

·『図解でわかる！ ニーチェの考え方』富増章成（中経出版）

·『生きるための哲学 ニーチェ［超］入門』白取春彦（ディスカヴァー･トゥエンティワン）

·『超訳 ニーチェの言葉』白取春彦（ディスカヴァー･トゥエンティワン）

·『超訳ニーチェの言葉II』白取春彦（ディスカヴァー･トゥエンティワン）

·『ニーチェ入門』竹田青嗣（筑摩書房）

·『悲劇の誕生』著 ニーチェ, 訳 秋山英夫（岩波書店）

·『ツァラトゥストラ』著 ニーチェ, 訳 手塚富雄（中央公論新社）

·『道徳の系譜』著 ニーチェ, 訳 木場深定（岩波書店）

毎日5分で学ぶ史上最強の哲学「ゼロ」からの教え! ニーチェの哲学 見るだけノート
MAINICHI 5FUNDE MANABU SHIJOSAIKYO NO TETSUGAKU 'ZERO'KARANO OSHIE!
NIETZSCHE NO TETSUGAKU MIRUDAKE NOTE
by AKINARI TOMASU

빠르게 독파하고 확실히 각인하는 비주얼 노트!

프리드리히 니체

초판 1쇄 발행 · 2024년 12월 31일

감　수 · 토마스 아키나리
옮긴이 · 서희경
펴낸이 · 곽동현
디자인 · 정계수
펴낸곳 · 소보랩

출판등록 · 1998년 1월 20일 제2002-23호
주소 · 서울특별시 서초구 동광로 41, 3층
전화번호 · (02)587-2966
팩스 · (02)587-2922
메일 · sobolab@naver.com

ISBN 979-11-391-3541-1 14160
ISBN 979-11-391-0292-5 (세트)